Título da edição original: *The Dynamic Laws Of Healing.*
© by Catherine Ponder
All rights reserved.

Direitos da edição em português © 2011.
Editora Vida e Consciência Ltda.
Todos os direitos reservados.

Projeto gráfico: Bruno Bega Harnik
Diagramação: Andreza Bernardes
Tradução: Aurea Arata
Preparação: Mônica Gomes d'Almeida
Revisão: Melina Marin

1ª edição
1ª impressão — abril 2011
5.000 exemplares

Dados Internacionais de Catalogação na Publicação (CIP)
(Câmara Brasileira do Livro, SP, Brasil)

Ponder, Catherine
As leis dinâmicas da cura / Catherine Ponder; [tradução Aurea Arata].
São Paulo: Centro de Estudos Vida & Consciência Editora.

Título original: The dynamic laws of healing.
ISBN 978-85-7722-130-1

1. Controle da mente 2. Cura pela fé 3. Desenvolvimento pessoal I. Título.

10-10336 CDD-615.852

Índices para catálogo sistemático:
1. Cura pela fé 615.852

Publicação, distribuição, impressão e acabamento
Centro de Estudos Vida & Consciência Editora Ltda.
Rua Agostinho Gomes, 2312
Ipiranga — CEP 04206-001
São Paulo — SP — Brasil
Fone/Fax: (11) 3577-3200 / 3577-3201
E-mail: grafica@vidaeconsciencia.com.br
Site: www.vidaeconsciencia.com.br

Proibida a reprodução total ou parcial desta obra, de qualquer forma ou por qualquer meio eletrônico, mecânico, inclusive através de processos xerográficos, sem permissão expressa do editor (Lei nº 5.988, de 14/12/73).

Leis Dinâmicas da Cura

Catherine Ponder

Sumário

Você tem poder de cura! — 7

A verdade chocante sobre a cura — 15

A lei da cura pela negação — 31

A lei da cura pela surpresa — 49

A lei da cura pela libertação — 67

A lei da cura pela afirmação — 85

A lei da cura pelo louvor — 103

A lei da cura pelo amor — 119

A lei milagrosa da cura — 135

A lei oculta da cura — 151

A lei da cura pela imaginação — 165

A lei mística da cura — 181

Quimicalização, um processo de cura — 199

A doação pode curar você! — 213

Nota da autora — 231

Introdução
Você tem poder de cura!
Uma mensagem especial da autora

Um dos maiores segredos que você pode aprender é que você tem poder de cura!

Talvez você já tenha pensado no "dom da cura" como um poder especial que pertença a certas pessoas, as mais evoluídas espiritualmente ou as mais brilhantes na prática da medicina, psiquiatria ou quiropraxia. Provavelmente você acredita que há algo de misterioso, até místico, na cura. Por muito tempo a palavra "cura" esteve associada à superstição e a práticas estranhas.

Atualmente, muito se fala sobre curas espirituais que resultam da reutilização de várias práticas bíblicas, como a oração e a imposição de mãos, ritos especiais da Igreja, e serviços de cura. Ouvimos muito sobre os medicamentos miraculosos e todos os excelentes avanços científicos que propiciam a cura, além dos grandes passos dados no campo da saúde mental.

Para todas as fases das artes da cura vamos dizer "Bênção e cuidado de Deus!" porque toda cura é a cura pela fé. Toda cura é divina. Em um caso recente, um paciente se atreveu a dizer ao médico que acreditava ter tido uma cura espiritual, e o médico perguntou sorrindo: "Que outro tipo existe?"

O segredo eterno da cura

Apesar dos recentes esclarecimentos, a maioria das pessoas ainda pensa que a saúde depende de alguma fonte externa: um especialista espiritual, psiquiátrico, médico ou quiroprático. Elas acreditam nisso, embora esses especialistas invariavelmente lhes enfatizem que todo o tratamento tem por objetivo ativar a saúde *dentro* delas.

A maior parte das pessoas ainda não aprendeu o segredo eterno da cura: a saúde é basicamente um trabalho interno, tanto mental quanto físico. Por mais que um tratamento seja bem-sucedido, em época de doença, a pessoa geralmente recai nela várias vezes, porque não atingiu a *causa* de sua doença — pensamentos e sentimentos negativos sobre si mesmo, sobre os outros, sobre o Criador e sobre o mundo em que habita. Esses maus pensamentos comprimem a força vital dentro dela, provocando o mal-estar, o "estar mal".

É muito interessante perceber que a palavra *doente* significa "mal, anormal, prejudicado, afetado". Literalmente, são seus pensamentos e sentimentos maus, anormais, prejudicados, afetados, localizados diretamente dentro de seu organismo que provocam tamanha confusão em sua saúde. O médico grego Hipócrates, conhecido como o "Pai da Medicina", escreveu, por volta de 400 a.C.:

"Os homens deveriam saber que do cérebro, e apenas do cérebro, surgem nossos prazeres, risos e bom humor, além de nossas tristezas, dores, mágoas e medos".

Um dos ensinamentos secretos dos antigos egípcios era que um corpo em dor era o resultado de uma mente em dor. Isso ainda parece ser um segredo para várias pessoas hoje em dia.

O surgimento dessas leis

Neste livro, compartilho com vocês algumas leis da cura que lidam com a *raiz* de maus pensamentos e sentimentos. Mais que apenas a análise da causa da doença, essas leis da cura mostram como "se ligar" aos pensamentos e sentimentos corretos mais profundos, na essência de seu ser, mudando assim o padrão completo de seus pensamentos e, em consequência, a sua saúde.

Essas leis da cura já são conhecidas e praticadas, até certo ponto, pelas pessoas desde o início da história. Não era raro serem ensinamentos secretos, embora ultimamente tenham sido revelados e usados pelas várias artes curativas. No entanto, na maioria dos casos, essas leis foram aprendidas e usadas de uma forma aleatória, como tentativa e erro apenas.

Há várias décadas, quando me iniciei em teologia, rapidamente descobri que, como o sacerdote curandeiro das épocas antigas, as pessoas esperavam que eu soubesse e usasse as leis da cura para ajudar aqueles a quem eu servia.

Foi devido a um senso de busca da incerteza sobre as exatas leis da cura que comecei a orar: "Querido Deus, o Senhor me chamou para o ministério. Se o Senhor quer que eu prossiga com as fases de cura desta obra, por favor, ensine-me as leis da cura. Revele-as para mim de uma maneira simples para que possa compartilhá-las com toda a humanidade".

Este livro é a resposta àquela prece. É o resultado de muito do que foi revelado, observado e aprendido durante esse período; também os convido a ler *Segredos da cura de todos os tempos*[1], também repleto de segredos de cura.

Descobri que é comum a cura acontecer na vida das pessoas de formas tão simples que até parecem milagrosas; todas as pessoas têm o poder da cura, se ao menos elas soubessem disso! Aqueles para quem ela acontece podem hesitar em falar

---
1   Editora Vida & Consciência, São Paulo, 2011.

sobre suas experiências de cura, uma vez que o público ainda tem a tendência de sentir que esse tipo de cura pode ser uma experiência estranha que surge apenas para pessoas "estranhas".

Este livro está repleto de relatos de cura de pessoas de várias raças, credos, nacionalidades, fé, de todos os estilos de vida, que compartilharam comigo, discretamente, suas experiências de cura e *como* elas sentiram que as curas ocorreram. Às vezes, a cura veio com ajudas espirituais, médicas, quiropráticas ou psiquiátricas. Outras vezes, não. Não importa, essas pessoas perceberam que tinham poder de cura, e era mais fácil "se conectar" que a maioria das pessoas acredita.

Conforme eu ouvia, percebi que, cada vez mais, essas curas pareciam vir por meio do uso de certas leis mentais e espirituais. Aqui você encontrará essas leis da cura descritas em sequência ordenada. Podem ser praticadas por qualquer pessoa, em qualquer lugar e com outra ajuda que possa ser obtida.

O primeiro passo em direção à cura

Como primeiro passo em direção à cura, vamos analisar o título desta obra: *As leis dinâmicas da cura*. A palavra *dinâmica* tem a mesma raiz da palavra *dinamite*, e ambas compartilham o conceito de que ser dinâmico é ser poderoso, cheio de força e conduzir à mudança. Conforme enfatizado a mim, pelo corretor de ações que nomeou o meu primeiro livro, *Leis dinâmicas da prosperidade*[2], o que é dinâmico tende a explodir, tirando-o dos trilhos!

Uma *lei* é um princípio que funciona. Sir William Blackstone, famoso escritor jurídico, notou há mais de duzentos anos que uma *lei* é uma regra estabelecida de ação. A palavra *lei* geralmente sugere um desejo por ordem. As pessoas doentes precisam apenas disso: *ordem* em seus pensamentos, emoções, organismos e vidas.

Concordaríamos com o brilhante cientista, sir Isaac

---
2 Editora Ibrasa, São Paulo, 1999.

Newton, um explorador precoce das leis da natureza, que há um conjunto de leis naturais para o mundo físico. Mas vamos ainda mais adiante: também há leis mentais e espirituais mais superiores que as normalmente usadas no plano físico da vida. Jesus sabia delas e as usou com frequência. As leis mentais e espirituais superiores são tão poderosas que podem ser usadas para multiplicar as leis naturais, neutralizá-las ou até revertê-las. Quando essas leis mentais e espirituais superiores são invocadas pela mente de um homem, geralmente produzem resultados que parecem milagrosos no plano físico. É assim então que o "impossível" se torna possível, o "incurável" se torna curável, e ocorrem as curas milagrosas.

Como Platão enfatizou aos médicos gregos de sua época, a palavra *saúde* significa:

"um estado de ser total, vigoroso em todas as fases de seu ser: espírito, alma, corpo e ocupações".

A saúde inclui assuntos financeiros saudáveis; relações saudáveis com os outros; uma compreensão espiritual saudável.

Quando essas leis dinâmicas da cura são invocadas, elas podem fazer apenas o que o título implica: gerar mudanças dinâmicas e poderosas que conduzem a resultados de ordenação da mente, corpo e ocupações. Um novo estado de plenitude pode se desenvolver. A partir daí, a pessoa que a usa considera que essas leis são um excelente medicamento preventivo também.

Você pode usar essas ideias não só para ajudar a ativar a plenitude dentro de si, mas também para ajudar os outros a ter uma percepção maior da saúde.

Como essas leis ajudaram os outros

Certa vez, um médico me disse ter chocado várias pessoas e provocado a cura ao enfatizar a verdade sobre Deus, o homem e o Universo para eles. O choque provocado fez com que elas liberassem antigos padrões negativos de pensamento, abrindo caminho para uma vida nova e para a vitalidade que emanou de dentro delas. Essas verdades chocantes sobre a cura estão no capítulo 1 deste livro.

Um homem de negócios foi curado de uma doença cardíaca, da qual ele morreria, ao usar a lei da cura pela negação descrita no capítulo 2. Uma dona de casa usou a mesma lei para a cura do câncer do marido, após ele ter sido encaminhado do hospital para casa, desenganado. Em vez de morrer, ele se recuperou.

Após descobrir um caroço na mama, uma dona de casa sentiu-se impelida a invocar silenciosamente a lei da cura pela "surpresa" (capítulo 3). Um mês depois, recebeu outra surpresa, ao perceber que o caroço desaparecera. Nunca soube quando isso aconteceu.

Uma dona de casa foi curada de leucemia após praticar a lei da cura pela libertação (capítulo 4). Uma senhora de meia-idade atingiu a menopausa e passou pela mudança na vida de forma vitoriosa; um homem de negócios parou de fumar; um capitão da marinha aposentado curou-se do alcoolismo. Todos usaram a lei da cura pela afirmação (capítulo 5).

Uma senhora de idade, aos poucos, recuperou-se totalmente da artrite dolorosa "incurável", por meio da lei da cura pelo amor (capítulo 7). Um homem de negócios foi curado de paralisia; outro de reumatismo e de problemas cardíacos, após terem invocado a lei milagrosa da cura (capítulo 8). A reitora de uma faculdade recuperou-se de um colapso nervoso debilitante ao usar a lei oculta da cura (capítulo 9). Uma doença incurável de pele desapareceu após a lei da cura pela imaginação ter sido praticada por uma jovem e sua mãe (capítulo 10).

Muitos outros exemplos felizes poderiam ser citados. Em vez disso, eu sugiro que você vá rapidamente às próximas páginas deste livro, onde encontrará as várias leis da cura e os resultados felizes que foram trazidos a outros totalmente explicados.

Você pode começar imediatamente a aprender e a aplicar essas leis dinâmicas da cura como forças para trazer a plenitude para você!

1.
A verdade chocante sobre a cura

A verdade chocante sobre a cura é que *você* tem poder de cura dentro de si. A palavra *saúde* vem da palavra latina *salus*, que significa "sadio, forte, completo, vigoroso, conservado". Essa deve ser a sua condição sempre. Se não for, algo deve ser feito imediatamente!

Embora você não tenha essa consciência, o seu poder de cura trabalha silenciosamente dentro de você o tempo todo, reparando as células, eliminando os resíduos, alimentando os tecidos e curando os ferimentos.

De vez em quando, esse poder de cura se revela de alguma forma marcante: alguém está muito doente, não parece que vai sobreviver. De repente, sem explicação, o agravamento cessa, o ferimento cicatriza, ou o coração se restaura. Isso prova que o organismo humano é, sem dúvida, o dínamo mais poderoso e autossuficiente na existência para o prosseguimento da vida!

O poder de cura interno não é apenas extraordinário. Faz parte natural de nosso mundo interior. Vinte e quatro horas por dia, ele supervisiona todas as operações complicadas de nosso corpo. Numa única célula, o supercientista dentro de você desempenha sem esforço funções que os químicos mais competentes do mundo não conseguem reproduzir. Grande parte desse poder de cura prossegue por meio de funções automáticas de nossa mente subconsciente.

Entretanto, o poder de cura que está dentro de você pode começar a ser liberado em graus mais profundos, como e quando necessário, por meio do poder de seu pensamento consciente e deliberado. Enquanto isso acontece, o poder de seu pensamento se movimenta por atividades tanto de sua mente consciente quanto subconsciente, colocando-o no caminho da saúde novamente.

O fato de você ter esse poder curativo dentro de si, que pode ser liberado propositadamente pelo pensamento, não significa que você não deva se valer dos métodos costumeiros de ajuda. Ao contrário, significa que as ideias estabelecidas por este livro podem ajudar a apressar a sua cura completa, em concomitância com os outros métodos empregados. O médico alemão, Paracelso, do século 16, afirmou:

"O poder curativo dos remédios geralmente consiste não tanto no espírito que está oculto neles, mas no espírito pelo qual eles são tomados".

Talvez este livro o coloque dentro desse espírito correto.

A causa da doença

O motivo de você ter um poder de cura dentro de si que pode começar a ser liberado conscientemente é este: o corpo tem uma supersabedoria dentro dele que é predisposta à saúde, e não à doença.

Calcula-se que essa força vital no homem seja pelo menos dez vezes mais poderosa que qualquer forma de tratamento que ele possa fazer, embora vários tratamentos ajudem na liberação dessa força interna.

Já que o corpo está repleto desses poderes restauradores incríveis, por que o homem adoece?

A verdade chocante é que a doença é provocada por você mesmo! A doença é provocada por pensamentos, opiniões e crenças erradas que se movimentam para fora e para dentro do organismo, contraindo a força vital. Segundo o médico e cientista Alexis Carrel,

"A inveja, o ódio e o medo — quando se tornam sentimentos habituais — são capazes de operar mudanças orgânicas e doenças verdadeiras".

Nos últimos tempos, seus colegas de profissão começaram a concordar. Quando se alteram as crenças e emoções negativas, você transforma as células dentro do corpo que as abriga.

O doutor Phineas P. Quimby provou essas ideias no século 19, efetuando milhares de curas em seus vizinhos da Nova Inglaterra. Devido ao sucesso, ele se tornou conhecido como o pai da cura mental e espiritual nos Estados Unidos, e várias pessoas que estudaram suas teorias formaram movimentos independentes de cura, por meio dos quais incontáveis milhares de pessoas foram beneficiadas.

O poder da mente em cada célula

A verdade chocante é que a mente não está situada apenas no cérebro, como a maioria de nós foi levada a acreditar. A mente se encontra em todas as células de nosso organismo. Quando você belisca o braço, são as células cerebrais dentro da carne que sentem essa pressão e respondem: "Ai!"

Ideias semelhantes se reúnem e se tornam "centros de pensamento". Esses centros se estabelecem em várias partes do corpo, afetando o organismo de acordo com a sua natureza positiva ou negativa. Cada célula é envolvida em pensamento. Como Thomas Edison descobriu: "Todas as células 'pensam'".

Os cientistas formulam isso de maneira mais técnica, dizendo que todas as células estão repletas de vida, luz, inteligência e substâncias, que formam uma estrutura atômica.

Charles Fillmore, corretor de imóveis em Kansas, descobriu o poder dinâmico que o pensamento exerce sobre o organismo na virada do século. Ele o usou para se curar de uma dolorosa tuberculose no quadril, da qual sofria desde a infância. Em seu livro, Atom Smashing Power of Mind, ele não só descreve a sua cura, mas também explica o poder que o pensamento exerce sobre o corpo, esclarecendo que os estados de espírito estabelecidos na consciência acumulam neles as vitaminas, as células, os nervos, os músculos e a própria carne. Ele sentia que, na mente, o homem consegue gerar todo o medicamento necessário para a reconstrução e restauração do corpo. Declarou que você pode, literalmente, reconstituir o seu corpo célula a célula ao reconstruir o seu pensamento.

Por meio da renovação da mente, o seu organismo pode ser transformado, uma vez que o corpo é o registro visível de seus pensamentos.

Assim como o homem pensa na sua mente, ela está no seu organismo.

O corpo não é sólido

Se o corpo fosse uma massa sólida de carne e ossos, poderia ser difícil acreditar que a mente tivesse esse poder sobre ele, mas não há nada de sólido no corpo; 80% é água. Embora encaremos os ossos como uma massa dura, na verdade eles são recheados com uma substância fluida e são macios, dobráveis e porosos. A razão disso é que são penetrados pelos capilares do sangue, pois os corpúsculos do sangue são formados dentro dos ossos. Se aquilo que parece sólido no corpo fosse condensado como num sólido verdadeiro, o nosso corpo não seria maior que uma sujeira de mosca!

Devido ao conteúdo de fluido, os pensamentos se movimentam mais facilmente dentro e através do corpo para remodelá-lo, construí-lo ou acabar com ele, de acordo com a natureza do pensamento humano.

A coisa mais forte no seu corpo é o seu pensamento! O corpo é delicado, flexível e até plástico em relação aos seus pensamentos.

Por que os pessimistas podem ser saudáveis?

Se o corpo é tão afetado pelos pensamentos, por que alguns pessimistas ainda parecem gozar de boa saúde?

Eis o motivo: o organismo é muito mais vagaroso ao registrar os maus pensamentos que os bons, uma vez que seu ofício verdadeiro é produzir vida e saúde. De fato, um pensamento saudável expresso persistentemente pode anular mil pensamentos nocivos.

Já que sua *supersabedoria* está voltada para a saúde em vez da doença, o organismo tenta e, com frequência, é capaz de descartar o pensamento negativo do homem por muito tempo. São os pensamentos errados *habituais*, os ódios profundos, os ressentimentos secretos e os preconceitos fortes que prejudicam a saúde. Invariavelmente, as pessoas que persistem com essas emoções negativas prejudicam a mente, o corpo ou os relacionamentos pessoais e profissionais, estejam cientes ou não da angústia.

São as emoções negativas de longo prazo que devem ser liberadas dos níveis consciente e subconsciente da mente a fim de aliviar os sérios problemas de saúde. Assim como o homem não adquire esses conceitos negativos da noite para o dia, geralmente ele não consegue se libertar deles com a mesma rapidez, porém ele não deve ficar impaciente enquanto trabalha para liberá-los.

Como liberar o poder da cura

As pessoas, constantemente, provam que o corpo é flexível e plástico aos seus pensamentos, tanto positiva quanto negativamente.

Uma funcionária pública trabalhava num escritório onde todos sofriam de resfriados e gripes. Em vez de contemplar essa possibilidade para si, ela começou afirmando:

Estou deixando a inteligência divina expressar a perfeição através de mim, agora.

Essas palavras reconheciam e liberavam a superinteligência dentro de seu corpo, e ela permaneceu saudável.

Um homem de negócios assistiu a uma palestra em uma sala com ar-condicionado. Perto dele, estava uma senhora que não parava de reclamar que a sala estava fria demais, e ela ficaria com dor de garganta. Conforme ela alimentava a inteligência dentro de seu organismo com essa ideia, este respondeu produzindo uma irritação na garganta dela, antes que uma hora tivesse passado.

O homem de negócios não aceitava essa ideia, embora no passado, com frequência, ele sofresse dos mesmos sintomas sob condições semelhantes. Sabendo que ele poderia liberar o poder curativo por meio de seus pensamentos, ele começou a declarar silenciosamente:

Sou uma inteligência divina. Todas as partes de meu corpo estão repletas de inteligência divina. Sou completo, estou bem, harmônico como um todo. Sou completo, estou bem, completamente em harmonia com o todo.

Ele ficou bom.

O seu organismo, como uma substância fluida, está repleto de poder da mente. Essa substância fluida alimenta os seus pensamentos. Quando você demonstra pensamentos animadores, pode ser surpreendente a rapidez com que o seu corpo responde com a boa saúde.

Uma professora de crianças na Inglaterra leu um de meus livros e com ele aprendeu que o corpo se compõe de substância radiante. Essa ideia a fascinou. Há muito tempo ela vinha sofrendo com as unhas quebradiças, talvez resultantes do uso diário de giz na sala de aula, para o que ela não encontrou nenhuma solução. Ao meditar sobre a ideia de que as as unhas eram substâncias radiantes, elas melhoraram imediatamente e logo se tornaram normais novamente.

Não deprecie o seu corpo. Há aqueles que, de modo ignorante, dizem que o corpo é mau e sem importância, uma mera sombra da pessoa real que ele abriga. Como o apóstolo Paulo, perceba que o seu corpo é o templo de Deus vivo, e você deveria glorificar a Deus em sua saúde radiante (I Coríntios 6: 19, 20).

A cura é o desejo de Deus

Talvez você tenha ouvido as pessoas dizerem de modo convincente: "Acho que é o desejo de Deus que eu fique doente, assim devo suportar essa dor". Que Deus neurótico essas pessoas adoram: um Deus feito à *sua* imagem e semelhança limitada!

Se essas pessoas acreditassem realmente que é o desejo de Deus que elas sofram, jamais iriam ao médico nem tomariam nenhuma atitude construtiva em direção à cura. Embora essas pessoas, geralmente, considerem-se "boas cristãs", elas consistentemente se esquecem do fato de que Deus enviou o Seu filho a fim de executar a maioria dos milagres bíblicos para restaurar os doentes. Se Deus considerasse a doença uma bênção, por que faria isso? E por que Ele permitiu que o Seu filho prometesse aos Seus seguidores, que inclui os cristãos atuais: "Aquele que crê em mim, esse também fará as obras que eu faço, e as fará maiores que estas" (João 14: 12).

Deus não envia o sofrimento para purificá-lo numa vida futura no céu. Você não precisa enfrentar o inferno aqui para ir ao céu mais tarde. A palavra céu significa "harmonia" e, quando você está em harmonia consigo mesmo, com seus companheiros e com seu Criador, você está indo pelo caminho certo de manifestar um estado santificado de saúde aqui e agora, cumprindo assim a promessa do profeta João: "O reino dos céus está ao seu alcance" (Mateus 3: 2).

Como a religião está relacionada com a saúde

Pediram a uma suposta "boa cristã" para participar de um retiro espiritual de dez dias. Com hesitação, ela aceitou o convite. Enquanto ela fazia as malas para a viagem, o marido disse: "Querida, *tente* curtir. *Tente* se divertir!"

"Num retiro espiritual?" ela respondeu.

Dedicando-se à experiência, ela orou para conseguir "aguentar as coisas espirituais durante dez dias". No entanto, ela se divertiu tanto no retiro que, desde então, o frequenta com regularidade e gosta muito.

Muitas pessoas são como essa senhora: têm uma ideia falsa do que é ser "bom cristão", pois acreditam num conceito errôneo da verdadeira natureza de Deus. Consideram Deus como tendo uma personalidade distinta do bem e do mal, elas O concebem como uma entidade distante que as pune severamente, talvez com falta de saúde, por quaisquer ações inadequadas.

Suas crenças negativas errôneas sobre seu Criador impulsionam uma reação em cadeia de pensamento negativo sobre si e sobre o mundo. Suas atitudes assumem essa negação na forma de virtude, piedade, condenação e ressentimento de todos os que não se conformam com as suas crenças. Essas atitudes negativas são o motivo de tantos "bons cristãos" sofrerem de doença e depois culparem Deus por isso, em vez de responsabilizarem seu próprio pensamento doente.

Na verdade, os chamados virtuosos, com frequência, têm a sua saúde prejudicada, pois veem mais falhas na humanidade que qualquer outra classe de pessoas! Quanto à sua piedosa forma de encontrar defeitos, de acordo com o famoso psicólogo vienense Alfred Adler, a piedade é uma forma doentia de neurose, em vez de ser uma forma saudável de religião. Tendo encontrado muitos neuróticos piedosos e doentes no seu trabalho, sabe-se que um teólogo falou sobre o "odor de piedade". Outro teólogo ainda disse bruscamente: "'Os santos' ficam bem no céu, mas são um inferno na terra!"

A palavra *religião* literalmente significa "ligar-se de volta", ou "religar-se à Fonte". A sua religião tem o propósito de ligá-lo de volta a Deus e à Sua bondade. Uma vez que Deus é um Pai carinhoso, que apenas deseja o bem supremo para você, estar ligado a Ele é estar ligado de volta à vida, à saúde, à vitalidade e a nada menos. "Deus é um Deus de saúde". O que não está bem para você talvez não seja a vontade de Deus.

Deus não tem nada a ver com isso

Uma atriz famosa mostrou um presente de uma joalheria cara para uma amiga, que exclamou: "Meu Deus!" A atriz respondeu: "Deus não tem nada a ver com isso".

Deus também não tem nada a ver com a sua saúde deficiente. Qualquer sinal de doença no corpo é uma indicação de falta de santidade na mente. Você jamais ficará doente por causa de Deus! A doença é apenas o oposto, uma falta de sossego, uma falta de Deus.

Crenças infundadas sobre a doença

Há muito tempo, as pessoas atribuem a falta de saúde a tudo, exceto ao seu motivo verdadeiro: seus próprios pensamentos e sentimentos equivocados.

Em 1720, outro surto de peste negra atingiu a Europa, matando metade da população de Marselha, na França. O clero espanhol tinha certeza de que isso ocorreu devido às óperas. Os bispos ingleses atribuíram-na às idas ao teatro. Outros clérigos disseram que foi provocada pelos sapatos compridos de bico fino que as pessoas usavam e que teriam irritado Deus. Outros, ainda, alegaram que a peste foi resultado da corrupção na política.

Você dirá: "ridículo". Porém, nesta era iluminada, ainda contemplamos crenças tão tolas quanto essas e igualmente nocivas à nossa saúde.

Há várias crenças religiosas equivocadas sobre Deus e o homem que provocam a doença. Na verdade, as crenças religiosas têm um efeito vital ou letal sobre a mente e o corpo. Se você acredita ser um verme insignificante, você não poderá reclamar a sua herança espiritual de saúde. A crença em Satã, geralmente, deixa as pessoas doentes. Uma crença no fim do mundo por fogo e enxofre deixa outros enfermos.

Certa vez, um médico me disse que ele sempre tinha um grande número de pacientes quando uma igreja próxima promovia reuniões de "revitalização". Numa manhã, apareceu uma paciente reclamando de dor intensa. Ao examiná-la, ele não descobriu nenhum motivo físico para o sofrimento. Uma indagação mais séria revelou que a dor tinha começado na noite anterior, enquanto ela estava numa reunião de "revitalização" na igreja ao lado. Quando o ministro descreveu com detalhes a sua crença no futuro de inferno, fogo e enxofre que aguardava a todos que não se adiantaram para serem salvos, essa senhora ficou consciente da dor no seu corpo, que permaneceu com ela durante a noite toda e no dia seguinte. O médico sugeriu que ela revisasse suas ideias sobre Deus, confiando mais em Sua benevolência, se ela quisesse garantir uma existência sem dor.

As revitalizações são necessárias, mas apenas aquelas que revivem as ideias da bondade de Deus e de sua disponibilidade ao homem. Confio que, conforme caminhar na leitura deste livro, você se verá assistindo a essa "revitalização".

Saúde e salvação significam a mesma coisa

As palavras em hebreu e em grego traduzidas na Bíblia como "salvação" e "saúde" geralmente são as mesmas.

A saúde permanente vem da liberação da mente de suas crenças na ignorância e no pecado, em vez de aumentar essas crenças. O pensamento correto é a melhor forma de salvação e leva à saúde.

Platão disse aos médicos gregos de seu tempo que o motivo de sua falha em curar estava na ignorância das necessidades da alma. Se Platão fosse vivo hoje, ele provavelmente faria a mesma afirmação aos membros do clero, que tentam intimidar, em vez de inspirar, os seus seguidores ao reino.

Na verdade, o reino dos céus começa como um estado de espírito aqui e acolá — um estado de espírito celestial. Quando você evita o pensamento negativo, você salva não apenas a sua alma da doença, mas também o corpo que abriga a alma.

A diferença entre sanar e curar

Embora o homem seja apenas 2% físico, e 98% espiritual, a pessoa gasta em média cerca de 98% de seu tempo pensando sobre os 2% de sua natureza física! É por isso que frequentemente sofre de falta de saúde, pois fica tentando atingir a saúde do nada para dentro, ao invés de buscá-la de dentro para fora.

Platão disse aos médicos gregos:

"A parte nunca poderá estar bem, a menos que o todo esteja bem".

Há uma diferença entre *curar* e *sanar*, conforme Platão percebeu na afirmação acima. *Curar* é "deixar completo" o homem inteiro: o espírito, a alma e o corpo. *Sanar* significa "eliminar ou aliviar a aflição imediata". Geralmente uma pessoa sana sua dor ao buscar tratamento médico. Entretanto, se ela não mudar seus padrões de pensamento negativos que provocam a dor, ela poderá recomeçar, seja na mesma área, seja em outra parte do corpo.

Os psicólogos descobriram que a maior parte das doenças é autoinduzida. Uma sensação de culpa encontra reparação na doença quando a mente não consegue alívio da culpa. A mente libera a culpa no organismo em forma de doença. Na verdade, a doença no corpo é a tentativa do organismo de se livrar de todos os sentimentos doentes. Quando você se sente mal, os seus sentimentos doentes estão tentando sair de você! Portanto, valem a pena o tempo e o esforço para mudar os seus padrões de pensamento, liberando-os da culpa, a fim de efetuar uma cura completa, em vez de apenas experimentar uma cura temporária, que o tratamento médico em si pode trazer.

Por que tantas pessoas estão confusas?

Durante trezentos anos após a passagem de Jesus Cristo pela Terra, houve grandes trabalhos de cura que ocorreram entre os Seus seguidores. Depois, aos poucos, o ministério da cura cessou, conforme a Igreja se tornou mais próspera e mundana.

Representa um sinal de poder espiritual ser capaz de curar, e algumas pessoas que não tinham distinção na Igreja conseguiam curar melhor que os que lá estavam. Isso provocou ciúmes. Então o ministério da cura foi proibido, inicialmente entre os funcionários do alto clero, depois entre os leigos.

Como a cura espiritual resistiu, a prática da cura por meio da medicina tornou-se popular entre as massas, uma vez que ela não demandava a fé requerida pela cura espiritual.

Mais tarde, surgiu o antagonismo entre a Igreja e a classe médica. Em 529 d.C. o imperador Justiniano fechou as escolas de medicina de Atenas e Alexandria como um gesto de desaprovação por parte da Igreja. Essa conduta perdurou vários séculos, embora, aqui e acolá, fossem copiados os manuscritos médicos dos mosteiros. Em 1215, o papa Inocêncio III condenou a cirurgia e todos os que a praticavam. Em 1428, a dissecação de cadáveres foi considerada um sacrilégio, e o estudo da anatomia foi condenado.

Não é de espantar que muitas pessoas fiquem tão confusas com as suas crenças religiosas em relação à sua posição quanto à cura. Durante muitos séculos, a Igreja combateu como inimiga a prática da medicina, além da cura dentro de seus próprios portões, chegando a ponto de proibir a cura espiritual.

O psicólogo suíço, doutor Carl Jung, afirmou:

"A cura pode ser chamada de problema religioso."

Atualmente, as pessoas esclarecidas concordam com ele e estão voltando à prática do cristianismo do primeiro século, que era repleto de poder de cura e prometia o poder curativo a todos os crentes verdadeiros.

Os antigos hebreus sabiam do segredo

Não há nada de novo a respeito do poder da mente sobre o corpo. Se as ciências antigas da Babilônia tivessem chegado até nós intactas, nossa civilização poderia estar até mais adiantada do que está. Os babilônios usavam estranhas pedras de minério para curar o câncer (provavelmente o rádio); além disso, eram especialistas no uso de psicossomatismo, de várias técnicas mentais e até de hipnotismo. Também praticavam o que hoje é conhecido como "medicina holística", ou seja, a cura da pessoa como um todo.

Acredita-se que Abraão, que cresceu na cidade babilônica de Ur, aprendeu o uso da psicossomatização e o ensinou aos judeus. De qualquer modo, os hebreus encaravam a doença como resultado do pecado ou de erros cometidos. Eles, porém, não sentiam que deviam tolerar a doença.

A primeira cura narrada na Bíblia, na época de Abraão, reflete esse ensinamento antigo sobre a saúde. O rei Abimeleque tinha tomado a esposa de Abraão, pensando que ela fosse irmã de Abraão. Em um sonho, o Senhor o aconselhou a devolver Sara para Abraão, pois ela era a esposa dele. O Senhor prometeu que, se o rei não o fizesse, ele e a sua família morreriam.

Quando o rei Abimeleque devolveu Sara, "Abraão orou diante de Deus, e Deus curou Abimeleque, sua esposa e as servas; e elas engravidaram. Pois Jeová tinha fechado todos os úteros da casa de Abimeleque, por causa de Sara, a esposa de Abraão" (Gênesis 20: 17, 18).

Essa passagem mostra claramente que o pensamento, o sentimento e as ações equivocados provocaram a esterilidade no rei Abimeleque, em sua esposa e em suas servas. O pensamento, os sentimentos e as ações corretas, acompanhados de orações, restauraram a fertilidade.

Mais tarde, Moisés destacou em seus escritos o poder definitivo de atitudes corretas e respostas emocionais para a saúde, e o poder das atitudes equivocadas para a falta de saúde: quando sua irmã Miriam criticou-o por desposar outra raça (Números 12: 1), a Bíblia afirma que Miriam contraiu lepra e foi curada por meio das orações de Moisés. A autocrítica e a crítica vinda de outras pessoas ainda são os motivos principais da falta de saúde.

Germes: um resultado

Enquanto os médicos modernos dão crédito a Hipócrates como o Pai da Medicina, os antigos sentiam que o imortal Hermes era o criador da cura. A partir do culto a Hermes, eles aprenderam o ensinamento secreto do hermetismo. Esses ensinamentos contêm algumas das grandes verdades que agora estão sendo descobertas como medicina psicossomática.

Por exemplo, eles sentiam que os motivos primários da doença eram atitudes mentais insalubres e anormais:

depressão, emoções mórbidas, ódio excessivo, ressentimento, autocondenação, crítica aos outros, ciúmes e possessividade. Sentiam que esses pensamentos insalubres resultavam em úlceras, tumores, cânceres, febres, tuberculoses, paralisias e todos os tipos de condições nervosas. Além disso, os antigos consideravam que os germes eram uma criação dos pensamentos e das ações ruins do homem. Os germes eram o resultado, não a causa, eles enfatizavam.

Após os tempos antigos, durante muitos séculos, as pessoas não sabiam nada a respeito dos germes. Finalmente, durante a Idade Média, um nobre italiano, Hieronymus Fracastorius, formulou novamente a teoria dos germes, e ninguém acreditou nele. Esse nobre foi tão ridicularizado por sua teoria dos germes que acabou desistindo da ideia. Muitos séculos se passaram antes que dois homens, Leeuwenhoek e Pasteur, comprovassem a sua teoria.

No livro *Atom Smashing Power of Mind*, Charles Fillmore fornece um ponto de vista metafísico moderno sobre os germes que concorda com a antiga teoria hermética:

"O médico acredita piamente que os germes da doença existem como parte integral do mundo natural. O metafísico vê os germes da doença como o resultado manifesto da raiva, vingança, ciúmes, medo, pensamento impuro e muitas outras atividades mentais. Os germes da doença, criados e nomeados pelo intelecto humano, têm inteligência suficiente para surgir quando são chamados. Uma mudança da mente mudará o caráter do germe. O amor, a coragem, a paz, a força e a boa vontade vão formar o bom caráter e construir estruturas no organismo de uma natureza semelhante às qualidades da mente".

Sua emoção divina da cura

Os médicos dizem que 75% entre nós usam apenas 25% de nossos poderes físicos. Estamos vivos apenas pela metade.

Comparados com o que poderíamos ser, somos pigmeus fisicamente, quando poderíamos ser gigantes, apreciando uma saúde gigantesca.

A energia dinâmica que pode se liberar por meio do uso correto de seu pensamento consciente é enorme. Uma vez que os seus pensamentos estão em constante mudança no organismo, os seus pensamentos deliberados podem propositadamente mudar o seu corpo da doença para a saúde.

Há sempre uma emoção divina, em todas as mentes, capaz de ressoar prontamente à ideia da cura. Quando a emoção divina da cura não reverbera, as pessoas continuam doentes.

Pegue as ideias deste livro que o animarem e o tocarem. Pratique-as sempre. Por meio delas, você poderá encontrar e reverberar a emoção divina da cura. Enquanto isso acontece, você saberá o que Isaías quis dizer quando prometeu: "Então tua luz romperá como a aurora, e sua cura aparecerá rapidamente" (Isaías 58: 8).

2.
A lei da cura pela negação

Um comediante famoso foi informado pelo seu médico: "A sua doença está totalmente na sua mente". Ao que o comediante retrucou: "Que lugar para ela estar!"

Pode parecer que o seu organismo e as suas circunstâncias controlam os seus pensamentos, mas a verdade é exatamente o oposto. Os seus pensamentos controlam o seu corpo e as suas circunstâncias.

Da mesma forma que moldamos nossos pensamentos, fazemos isso também com nosso corpo.

Certa vez, uma revista médica relatou um incidente envolvendo o poder que o pensamento exerce sobre o corpo.

Um médico diagnosticou casos de dois homens que o consultaram. Ele deveria avisá-los do resultado no dia seguinte por carta. Ele escreveu a um que ele não tinha nenhuma doença, mas disse ao outro que a condição dele era muito séria e, indo para as montanhas, ele poderia prolongar a vida por um tempo, porém seu coração estava mal e, por fim, ele morreria.

Por engano, as cartas foram trocadas, e o jovem homem saudável recebeu a carta contendo as palavras que seu caso não tinha esperança. Imediatamente, ele desistiu do trabalho e foi para as montanhas, onde, depois de algum tempo, faleceu. O paciente para o qual esse diagnóstico era destinado recebeu as palavras que lhe diziam estar em perfeita saúde e, em pouco tempo, ele era a própria figura da saúde.

A doença é autoinduzida

A verdade chocante sobre a doença é que ela é autoinduzida! Você se deixa adoecer por medos, ressentimentos, ódios e crença no mal. As escrituras hindus descreviam: "Se um homem fala ou age com um mau pensamento, a dor se seguirá".

Por exemplo, os pensamentos de medo liberam hormônios na corrente sanguínea que podem até paralisar os centros nervosos vitais do organismo. O medo extremo, na verdade, cozinha os corpúsculos no sangue. Experimentos também demonstraram que uma mentira envolve um trabalho árduo para o corpo. O seu metabolismo, a frequência cardíaca, a pressão e a respiração se aceleram quando se mente, e os olhos tendem a se movimentar mais. É assim que o pensamento falso afeta o organismo!

As aparências negativas no corpo são construídas e sustentadas por alguém que se sente mal a respeito. *O que você teme, você multiplica*. Você acumula e mantém viva a aparência doentia ao alimentá-la com a substância de seus pensamentos negativos. Quando o mau pensamento é retirado, a aparência doentia se esvai por falta de atenção e alimento. Ele desaparece porque não há mais nada para sustentá-lo.

O homem ignora a árvore da vida

Na alegoria do Jardim do Éden, encontramos o segredo para a saúde e para a falta dela.

No início, Deus criou o homem perfeito e lhe deu o domínio sobre tudo na Terra, inclusive sua saúde. No entanto, o homem não apreciou a sua herança saudável. Ele, propositadamente, compartilhou da árvore do "conhecimento do bem e do mal" e assim se apoiou no mal e se sujeitou à sua reação sobre o organismo.

Sua herança de saúde poderia ter sido restaurada porque havia uma segunda árvore no Jardim: a árvore da vida. Ao compartilhar, porém, da fruta da primeira árvore e, assim, propositadamente, apoiar-se no pensamento do mal, o homem foi impedido de comer da fruta da árvore da vida. Por meio desse ato simbólico, o homem se sujeitou ao mal e às suas consequentes condições de doença no corpo.

Trata-se de uma alegoria que também se aplica aos tempos modernos. Quando você se atém ao bem, você é poderoso; contudo, no instante em que se volta para o mal, você é paralisado pela escuridão de sua mente. O mal não tem vida, substância nem inteligência em si; é evocado pelas crenças limitadas do homem. O mal é uma forma de escuridão que foge na presença da luz e da iluminação.

A iluminação surge conforme você se lembra de que nenhuma condição ruim, por mais que persista, dura para sempre. Essa experiência é realmente aquela em que o mal surge à superfície para ser liberado e solto para sempre. O mal quer ser liberado de sua negação, quer ser transformado em bem, portanto sempre se move! Surge, então, uma condição nova, e um novo ciclo mais feliz sempre se segue.

Todo o poder que o mal parece ter lhe foi cedido pelo homem, e apenas o homem pode retirar-lhe esse poder. Que o homem detém esse poder — para negar e dissolver todas as ideias desintegradoras, discordantes e formadoras de doenças do mal e para transmutar o mal aparente em bem — está entre as grandes descobertas de todos os tempos!

A primeira lei da cura

A negação é a primeira lei da cura. Pelo uso da negação, você retira da mente as crenças e emoções negativas que provocaram tamanha confusão na sua saúde. A negação é o primeiro passo prático em direção ao enxugamento de sua mente das crenças equivocadas de uma vida inteira. Em que você acredita, você serve e é servido. Quando trocar as crenças equivocadas, encontrará uma mudança ocorrendo em circunstâncias problemáticas e condições corporais. Os cientistas há muito tempo estão perdidos, tentando explicar por que o corpo de um homem adoece ou morre, mesmo sendo adequadamente alimentado e limpo. A negação limpa a sua mente e o seu corpo da crença no mal e de seus consequentes terríveis efeitos físicos.

A palavra *negar* não significa apenas "suspender", "apagar", "eliminar", "dissolver", "recolher", mas também quer dizer: "declarar como não verdade o que parece ser verdade". Pelo uso da lei da cura pela negação, você começa a apagar as crenças de sua mente e a aparência maléfica de seu corpo.

Pela negação você também pode ir um passo adiante e declarar que a dor, a desarmonia e a doença não são verdadeiras, mas ainda podem surgir durante um tempo. Conforme você lhe nega o seu poder, você despoja essas aparências de qualquer vida permanente e elas desaparecem por terem sido negligenciadas.

Pela ação da negação, você não nega a existência da condição adversa, nem hesita na busca de tratamento técnico para a cura. Porém, com isso, você também começa a ir mais fundo dentro do pensamento e reconhece a adversidade pelo que ela é: uma aparência enferma, criada pelo seu próprio pensamento doente. Então, você faz algo a respeito, você nega seus pensamentos equivocados que levaram à sua existência. É assim que você aprende a verdade daquele velho ditado:

Se conseguir tirar uma coisa da mente, você se livrará dela no seu corpo.

Como usar o seu poder de negação

Uma vez que a negação dissolve, elimina, apaga e libera, ela é o seu poder do "não" para a cura.

Qualquer pensamento, afirmação ou prece que o ajude a dizer:

Não, eu não aceito esta aparência como necessária ou duradoura em minha vida é uma negação.

Muitos casos foram curados quando alguém disse mentalmente: "Não, não e não", enquanto as pessoas falavam dos males envolvidos.

Você pode se libertar de todos os tipos de problemas ao começar a dizer "não" para eles, em vez de prosseguir remoendo o problema.

Um tornozelo torcido gravemente foi curado totalmente da noite para o dia quando a pessoa que sofria disse continuamente "não" à dor. Durante a noite, quando a dor tentou voltar, a pessoa que usava a negação dizia:

Simplesmente não pode ser. Não é assim. Não aceito essa condição. Não é nada. Ela não tem poder.

As palavras dela se revelaram verdadeiras.

Os ocultistas há muito já descrevem a negação como a lei da "indiferença divina". Os antigos falavam da negação como o poder permanente da negação, enfatizando que, conforme você usa o seu poder do "não" em situações que o incomodam, elas não podem perdurar, porque a negação dissolve, elimina e libera.

Ao declarar: "Não, não e não", você envia para dentro da mente e do organismo uma força que abala os estados fixos da mente que provocaram a doença. Se as negações verdadeiras forem feitas com maior frequência, a saúde afluirá naturalmente. As funções do corpo têm uma forma de se endireitar por si mesmas quando você corrige os estados negativos da mente que os provocam. Casos de inchaço, tumores e febres desapareceram quando alguém disse "não" para eles.

Use seu poder permanente de negação em situações e condições que você não quer ver perdurarem.

Como ela superou o enjoo matinal

Uma secretária sabia do poder de dizer "não" para as condições que ela não gostaria que durassem. Ao saber que esperava o primeiro bebê, essa jovem decidiu que continuaria trabalhando o máximo possível, e o mal-estar não fazia parte, necessariamente, da gravidez.

Quando os "enjoos matinais" começaram, ela disse a um colega: "Que ridículo! Não há motivo para eu sofrer. Ter um bebê é um processo natural para o corpo. Amanhã vou ficar em casa e acertar o meu pensamento. Eu me recuso a aceitar este 'enjoo' como necessário ou duradouro".

No dia seguinte, ela ficou em casa, usando o poder de cura da negação. Mentalmente, ela disse "não" para qualquer sugestão de náusea e liberou a mente do pensamento de que o desconforto fosse uma parte necessária da gravidez. No dia seguinte, a secretária voltou ao trabalho e continuou no serviço até poucos dias antes de o bebê nascer. Uma gravidez saudável e, mais tarde, um bebê sadio foram os resultados.

Todos precisam da negação

Há pessoas que dão as costas à negação, considerando-a uma palavra desagradável. Elas dizem, de forma arrogante: "Não uso a lei da cura pela negação. Não preciso dela". Essas almas mal orientadas geralmente são as que mais precisam! Todos necessitam usar a lei da cura pela negação, porque todos têm crenças negativas que precisam ser dissolvidas. Os antigos acreditavam que havia sete camadas de negação na mente do homem, que ficavam entre ele e o seu bem, e elas deveriam ser constantemente limpas por atitudes de negação da mente. A simbologia bíblica concretiza essa crença por meio da história do leproso, Naamã, que foi curado depois de seguir as instruções de Elias para se banhar no rio Jordão sete vezes (2 Reis 5: 10).

Não tenha medo da palavra negação. Ela não significa a privação de confortos e das boas coisas da vida. Não significa se tornar infeliz ao "abrir mão" de algo de valor. A negação verdadeira é abdicar do menor para abrir espaço para o melhor. A negação é um processo mental pelo qual você derrota os fantasmas do medo, da preocupação, da tristeza, da doença, do pecado e do sofrimento que o assombravam e afastavam o bem de você. Os fantasmas eram invenções da sua imaginação. Pela negação você se livra deles e purifica as fases consciente e subconsciente da mente, talvez até mesmo sem perceber o que eles são.

À medida que purifica sua mente das crenças negativas, você retém a substância de seus pensamentos advindos delas. Você as despoja, tira-lhes o poder e a sua própria existência.

As afirmações não podem substituir a negação

Há os que alegam que a lei da cura pela afirmação, descrita no capítulo 5, é suficiente. Argumentar que a afirmação preenche a lei da demonstração sem antes usar a negação é ingênuo, tanto quanto a moça que pensa que limpou a casa, quando apenas abriu as janelas para deixar os raios do sol entrarem, sem nem mesmo ter tirado o pó ou, de alguma forma, ter limpado o interior da casa. Como essa casa estaria sem essa "negação" necessária?

Afirmar mentalmente uma condição saudável, sem inicialmente negá-la e destruir as emoções negativas que causam a sua falta de saúde mental, é como tentar construir uma casa num local já ocupado por um prédio antigo.

Antes que os seus problemas possam ser resolvidos, deve haver uma limpeza mental e emocional. As leis da cura pela negação, pelo perdão e pela libertação lhe são oferecidas para esse propósito, conforme vamos ver nos próximos dois capítulos.

Uma vez que este livro foi escrito pela primeira vez há décadas, a autora recebeu inúmeros relatórios de curas vivenciadas pelas pessoas através de seu estudo e da aplicação das leis da cura descritas aqui e nos próximos dois capítulos. Esses relatórios, alguns até de supostas condições "incuráveis", indicam o poder surpreendente para a cura, que repousa no uso constante da negação, do perdão e da libertação.

Quando as afirmações não curam

Uma mulher de negócios tinha uma casa para alugar já havia meses. Com necessidade da renda do aluguel para ajudá-la a custear a faculdade dos filhos, ela tinha feito afirmações e mais afirmações sobre esse aluguel. Nada aconteceu. Ao saber do poder da negação da mente, ela percebeu por que as afirmações não tinham funcionado: elas não tinham limpado sua mente da ansiedade temerosa. Assim, quando o assunto da casa sem alugar surgiu na mente, ela dizia para si:

Não, não e não. Não há nada a temer. Os inquilinos perfeitos vão aparecer agora e alugar a casa.

Embora meses de afirmações não tivessem surtido efeitos, em três dias de uso de negações, a casa foi alugada!

Uma mãe preocupada me escreveu: "Não consigo

entender. Durante meses tenho usado afirmações para a minha filha e a sua família, e as coisas só pioraram. Ela vem sofrendo de uma doença mental. O tratamento psiquiátrico parece ineficaz. O emprego do marido está sendo ameaçado. As crianças estiveram doentes. Recentemente, ocorreu um incêndio na casa. Há constante confusão e irritação. Por que as afirmações não ajudaram nessa situação?"

Quando essa mulher soube do poder de cura da negação, ela percebeu por quê. As afirmações dão firmeza. Dizer afirmações em meio à desarmonia é "se manter firme" ou dizer "sim" para as falsas crenças que provocam essa desarmonia, o que apenas convida mais confusões à situação! Essa senhora comprovou.

Quando ela imediatamente começou a dizer "Não, não e não" a essas aparências complicadas, foi como um bálsamo de cura que começou a remover o medo, a desarmonia, a confusão. A filha recuperou o equilíbrio emocional. O genro foi conduzido a um emprego melhor. A saúde das crianças melhorou. A companhia de seguros fez um acordo sobre o incêndio na casa que tornou possível redecorar a casa inteira — um desejo de longa data concretizado. Aos poucos, a paz veio até esse grupo familiar, após uma pessoa interessada começar a dizer "não" para as dificuldades anteriores.

Você deve ser enfático

Quando se está tentando combater uma condição difícil, não se pode lidar com ela gentilmente, por meio de pensamentos, palavras e preces, e esperar conseguir um resultado satisfatório.

Deve-se fazer algo mais definitivo, mais enfático. Os filósofos antigos descobriram que as condições difíceis poderiam ser completamente destroçadas e anuladas pelo uso extensivo da negação. Você pode usar as negações e dissipar suas provações mais difíceis, pois as negações têm um poder libertador e purificador.

Nada alivia melhor a mente como encarar diretamente todas as alegações do mal com a negação.

Não, não e não. Não é assim. Você não tem poder. Você não é nada, portanto vá embora daqui.

Não acreditar no mal tira o ferrão dele, você também consegue tirar o seu poder.

Como a negação curou uma doença cardíaca

Após anos de muito trabalho, um homem de negócios sofreu uma série de ataques cardíacos. Quando seu médico comunicou-lhe que ele não viveria muito, a esposa dele telefonou pedindo orações. Os dois, ele e a esposa, recusavam-se a acreditar que ele morreria, pois eles, de forma incansável, invocaram o poder de cura da negação.

Certa noite, com muita dor, ele se levantou da cama do hospital com dificuldade e orou: "Senhor, é isso. Já senti bastante dor. Eu me recuso a permanecer nesta condição. Com a Sua ajuda, vou melhorar". Para a dor contínua, ele disse silenciosamente: "Não, não e não".

Aquele provou ser o momento da virada. Ele se recuperou e retomou uma vida normal. Assumiu um emprego menos extenuante e se mudou para outra cidade. Lá ele passou a ter mais sucesso comercial e melhor saúde que antes.

Muitos anos mais tarde, um familiar encontrou-se com o ex-médico dele, que perguntou: "Quando o senhor X morreu?" Surpreso, o parente gritou: "Morreu? Ele não morreu! Ele está mais vivo que nunca!" Esse homem de negócios provou que o mal pode continuar no seu mundo apenas se você permitir.

Como a negação ajudou outros

Após uma recente palestra sobre o poder de cura pela negação, a maioria das pessoas do público mencionou para mim as curas que haviam testemunhado quando alguém tinha dito "não" para as condições da doença.

Um homem de negócios se livrou da asma que o perseguia havia quarenta anos, quando começou a negar aqueles ataques de asma com "não, não e não".

Uma enfermeira, que frequentemente usava o poder de cura da negação para ajudar os pacientes, também testemunhou o resultado em membros de sua família. Um irmão tinha se machucado seriamente num acidente. Os primeiros relatórios indicaram que seria necessária uma cirurgia bastante delicada, e os resultados eram incertos. A enfermeira dizia sempre: "não, não e não" para essa conclusão. Após orar por orientação e obter um sentimento de paz sobre a condição dele, ela assegurou à família que o irmão ficaria bem. Exames de raios X posteriores confirmaram que ela estava certa. Nenhuma operação foi feita, e o irmão se recuperou.

Um engenheiro aposentado assistia a um encontro religioso. No meio dele, uma senhora simpática, sentada perto dele, começou a chorar. O homem começou a orar em silêncio:

Não, não e não. Isso não é verdade. Não há infelicidade em Deus. Não deve haver nenhuma infelicidade em quaisquer de suas criaturas.

De repente, a senhora enxugou as lágrimas. A dor tinha passado. Após a reunião, esse homem insistiu em se apresentar a ela, para que pudesse dizer-lhe que ele orara por ela. Ela respondeu: "Então, foi isso! Sabia que algo tinha acontecido, porque de repente toda a tristeza me deixou".

Um vendedor ouviu que alguns ex-sócios estavam vindo de fora do estado para a cidade a fim de provocar problemas no emprego novo. Um amigo soube dessas intenções tarde da noite e telefonou para ele. As pessoas problemáticas deviam chegar em dois dias.

Tanto o amigo que telefonou quanto o homem em questão conheciam os poderes de dissolução da negação. Concordaram em dizer "não" àquele esquema. A negação que eles usaram foi esta:

Não há nada a temer, pois não há poder para prejudicar ou para ser prejudicado nesta situação.

Os dois, individualmente, encheram a mente com esse pensamento por muito tempo naquela noite e pelos próximos dois dias.

Sua ação mental trouxe resultados. Nenhum mal aconteceu. As pessoas que o planejavam "mudaram de ideia" e não vieram à cidade naquela ocasião, nem mais tarde.

Uma dona de casa sempre ouvia fofocas sobre as dificuldades no casamento que um casal vizinho enfrentava.

Não, não e não. Não é verdade. Eu me recuso a acreditar nessas falas. É mentira e não há verdade nelas, essa dona de casa dizia a si mesma em meio às fofocas.

Logo os amigos comentavam: "É incrível. Não conseguimos entender o que aconteceu. Tudo está bem com o casal novamente. A mudança aconteceu tão rápido que parece um milagre".

Curado de câncer

Muitos anos atrás, uma enfermeira me contou a história de um locutor de rádio da sua cidade natal que estava para morrer de câncer, mas a esposa dele conhecia o poder de cura da negação e ousou dizer "não" ao diagnóstico definitivo.

Quando os médicos tentaram prepará-la para o inevitável, ela disse: "Não diga mais nada. Eu me recuso a aceitar o diagnóstico. Meu marido é um homem bom demais para morrer. Ele ainda tem muito a dar para o mundo".

Quando mais nada poderia ser feito em termos médicos, ele foi enviado do hospital para casa, provavelmente para morrer. Em vez disso, ele viveu. Conforme ele foi se encontrando regularmente com um grupo de orações do bairro, a melhora na sua saúde começou imediatamente. Em poucos meses, ele se recuperou completamente e retomou o trabalho.

Após a cura, uma pessoa famosa da televisão, que tinha acabado de passar por uma cirurgia para extirpar um câncer, escreveu ao locutor de rádio, perguntando o seu segredo. "Em primeiro lugar, não acredite em nada que qualquer pessoa diga sobre a sua saúde, a menos que digam que você vai ficar bom. Se disserem algo diferente, recuse-se a acreditar. Depois pergunte a Deus o que Ele realmente quer que você faça da vida. Não desperdice um minuto. Ocupe-se fazendo as coisas." Os dois conseguiram superar o diagnóstico de câncer incurável.

O poder de cura do silêncio

Se você parar de alimentar o pensamento sobre o mal na sua vida, ele morrerá por falta de atenção e desaparecerá. A cada sugestão do mal, diga assertiva e enfaticamente: "Não há mal". Para todas as falas de mal sobre você: escândalos, descrições de doenças, problemas financeiros e familiares, diga:

Não é verdade. O mal não existe. Disso tudo, apenas o bem resultará.

Muitos problemas foram curados apenas pelo pensamento.

Uma vez que o bem é onipresente, ele existe até mesmo no meio de coisas aparentemente más. Nada que é mal pode deixar de trazer o bem, e algo de bom pode surgir de cada experiência, se apenas uma pessoa tiver a coragem, na hora, de procurar esse bem. Ao perceber isso, Ralph Waldo Emerson escreveu: "Quase sempre, todo mal a que não sucumbimos é benéfico."[3]

Não se sinta forçado a participar de conversas que se ligam ao lado escuro da vida. O silêncio é melhor que o consentimento a más aparências. O silêncio não é apenas uma virtude, mas também uma das maiores negações existentes.

Outra dona de casa recebeu a notícia, dita em segredo pelo médico, de que seu marido tinha câncer e não viveria mais que seis meses. Essa sábia mulher, ciente da lei da cura pela negação, não divulgou o diagnóstico para ninguém. Em vez de dizer ao marido que ele estava voltando para casa para morrer, ela insistiu que a operação tinha sido um sucesso e ele ficaria bem. Ele acreditou nela. Ela também disse aos parentes, vizinhos e amigos a mesma coisa. Em vez de viver apenas seis meses, o homem teve uma vida saudável durante mais dez anos. Ele morreu de um súbito ataque de pneumonia.

Uma das melhores formas de invocar a lei da cura pela negação é apenas ficar em silêncio sobre os problemas, como essa mulher fez. Pare de alimentar a sua essência com pensamentos, palavras e emoções. Também cuide para não criticar em segredo; pare de encontrar defeitos nos outros, mesmo em silêncio. Descarte o sarcasmo da sua fala. Pare de reclamar. Não profetize o mal para si mesmo nem para os outros. Os gregos antigos evitavam as pessoas que reclamavam muito ou que prediziam a desgraça, acreditando que traziam má sorte. Evite acusar os outros do mal, de qualquer forma.

Pare de fazer declarações de desprezo a si mesmo ou a respeito de outros. Por exemplo, não chame os seus filhos de "maus". Pare de se referir aos defeitos de sua família, dos

3   *Ensaios*, Editora Martin Claret, São Paulo, 2005.

sócios de negócios, dos vizinhos e amigos. Tenha uma palavra boa para si e para os outros, ou fique quieto. O silêncio é a negação do mal aparente.

Não há poder de cura disponível para alguém que descreve dores e machucados. Não há poder de cura encontrado na descrição do mal. O mal só pode existir quando você lhe permite existir. Apenas a crença do homem no mal o torna sujeito a ele.

Nada de novo sobre a negação

Não há nada de novo sobre o poder da negação para livrar o homem de seus problemas. Todas as religiões reconhecem que a negação do mal é parte constituinte da fé. Os atos de sacrifício, jejum, penitência foram formas de negação dos antigos hebreus. Tanto os hebreus quanto os gregos buscavam os seus sacerdotes para trazer à luz os seus pecados e apagá-los (negá-los); eles sentiam que as doenças seriam curadas. A palavra hebraica para "mal" é *aven*, que significa "nada". Eles sabiam que o mal era nada, não tinha nenhum poder.

Um dos primeiros cristãos, Atanásio, conhecido como "pai da ortodoxia", disse no ano 373 da nossa Era: "Os males devem ser chamados de não existentes, pois Deus realmente existe, assim como Deus é benevolente".

Santo Agostinho declarou: "Não há mal". Sócrates afirmou que os homens agem erroneamente por pensarem de forma equivocada. Platão achava que o mal era apenas uma forma de acreditar e não era onipotente. Emerson fez um discurso diante de um grupo da Faculdade Divinity, em Cambridge, no qual explicou:

"Deus é absoluto. O mal é meramente privativo, não absoluto. O mal é como o frio, que é a privação do calor. Todo o mal é tão somente não realidade".

Os grandes homens sabiam que, ao dizer "não" às más crenças e aparências na sua vida, primeiramente você dissolve qualquer medo que tiver a respeito delas. Em seguida, você dissolve seus poderes para afetá-lo de alguma forma. Com a dissolução do medo vem a dissolução do problema, que se desintegra. Ele não tinha nenhum poder, exceto o gerado pelo seu medo anterior e a crença negativa nele.

Se as pessoas do mundo invocassem o poder de cura da negação, poderiam rapidamente revolucionar a sua saúde e a sua vida!

A Bíblia enfatiza a lei da cura pela negação. O profeta Oseias prevenia: "Tome contigo as palavras e retorne a Jeová; diga-Lhe: Leve toda a iniquidade (negação) e aceite aquilo que é bom (afirmação)" (Oseias 14: 2).

Jesus enfatizou no Sermão da Montanha: "Que o 'sim' de vocês seja sim (afirmação), e o 'não', não (negação)". Ele se referia ao poder de cura da negação ao falar da purificação do interior, quando ele recomendou: "Não julgue segundo a aparência, mas julgue segundo a íntegra justiça" (João 7: 24).

Desde o início da civilização, as pessoas usam o sinal da cruz como uma forma de negação. É um símbolo de eliminação das tristezas e dos problemas humanos. O movimento de cima para baixo da cruz significa que "nada tem poder maligno". O movimento da direita para a esquerda quer dizer que "o bem reina agora". Mesmo o homem primitivo sabia, por sua adoração à cruz, que ele deveria riscar a crença no mal se quisesse as bênçãos da vida.

Quando Jesus disse para tomar sobre si a cruz e segui-Lo (Mateus 16: 24), ele quis dizer para tomar sobre si o seu poder de apagar, o seu poder de eliminar as ideias limitadas do seu pensamento e usá-lo; se fizer apenas isso, você poderá segui-Lo em seu bem ressurreto.

Muito antes da época de Jesus, os filósofos antigos sustentavam essa crença com os dizeres: "Sem cruz e sem coroa".

Como transformar a sua cruz em coroa

Você pode começar, agora, a transformar a sua cruz em coroa, com o uso diário de algumas das seguintes negações famosas; a maioria vem sendo usada pela humanidade há tempos, de uma forma ou de outra, para satisfazer uma necessidade ou situação particular:

- Não há mal, nada é mal se trouxer o bem, e apenas o bem resultará disso.

- Não há nada a temer, não há nenhum poder que prejudique. Qualquer coisa em minha vida que precise ser mudada pode ser mudada!

- Não, não e não. Não é assim. Não aceito esta aparência. Deus, o bem supremo, reina agora e surge rapidamente.

- Minha vida (minha saúde, minha prosperidade, minha felicidade, meu sucesso, meu bem) não pode ser limitada! Estou livre dos grilhões e das amarras.

- Não há ausência de vida, substância ou inteligência onde quer que seja, portanto não há ausência de vida, substância ou inteligência aqui e agora.

- Não há personalidade como esta no universo. Não há nada além do bem de Deus. Estou em relação verdadeira com todas as pessoas e todas as situações agora.

- Não há perdas, falta, desapontamento, doença, dor ou morte no meu caminho. Não há nada além do bem abundante de Deus.

- Não há nada a temer, pois o que há dentro de mim é mais poderoso que aquilo que há fora, no mundo.

- Não há nada a opor ao meu bem. Não há ninguém para se opor ao meu bem. Todos os obstáculos e barreiras à supremacia do espírito agora estão dissolvidos, em nome de Jesus Cristo.

3.
A lei da cura pela surpresa

Um médico famoso declarou que foram feitos mais progressos na ciência médica nos últimos 25 anos que nos últimos 25 séculos. Ele predisse que, dentro de duas gerações, a média de vida, agora em torno de 70 anos, será duplicada, e não haverá mais doenças incuráveis.

Enquanto os engenheiros, os físicos nucleares e outros cientistas pesquisadores trabalharem com a profissão médica para tornarem essas predições realidade, há sempre algo que *você* pode fazer para ajudar.

Você pode evocar a lei da cura pela "surpresa".

Embora Jesus a enfatizasse há vinte séculos (Lucas 5: 20-26), a lei da cura pela surpresa ainda surpreende a maioria das pessoas. É a lei do perdão.

É uma lei espiritual e mental imutável de que, quando há um problema, há um problema de perdão. Você deve perdoar, se quiser ser curado constantemente. Quando ignora o perdão, você deixa de lado a saúde permanente.

A surpresa está em quantas pessoas tentam encontrar o caminho de volta para a saúde sem primeiro purificar suas emoções da causa das doenças. A saúde não pode ser aceita por um corpo repleto de venenos gerados pela falta de perdão. Os filósofos antigos tinham uma afirmação básica que eles usavam para a cura:

Não há nada para odiar.

O ódio secreto pode provocar câncer

Uma senhora disse, surpresa, a uma amiga: "Não consigo entender. Tenho uma vizinha muito simpática que está morrendo de câncer. Parece tão injusto, porque ela é uma das pessoas mais amáveis e gentis que conheço".

A amiga respondeu: "Ela pode parecer amável e gentil, mas, se está morrendo de câncer, então há alguma emoção negativa que está literalmente consumindo as células de seu corpo. Provavelmente ela odeia alguém".

Quando a visitante, surpresa, respondeu: "Não, não pode ser", ela recebeu o conselho: "Procure mais e encontrará algo ou alguém que essa pessoa precisa perdoar. Sempre que há um problema de saúde, há um problema de perdão".

Mais tarde, o mistério foi esclarecido. A que estava em dúvida relatou: "Você tinha razão. Soube por acaso que esta vizinha tem um parente que ela odeia profundamente. Não se falam há trinta anos".

A natureza do câncer pode indicar algum ressentimento secreto ou amargura. Embora por fora a pessoa tenha se mostrado doce e submissa, por dentro ela estava entristecida, magoada, intolerante e demasiadamente crítica. Como em todas as formas de doença, os hábitos irresponsáveis na vida também são apontados. Essa é a bênção de aprender como pensar corretamente. Conforme se emprega o pensamento correto, ele inconscientemente se reporta ao descanso, à alimentação e ao exercício adequados, além de outros hábitos saudáveis.

As emoções negativas prendem a doença a você

O ato de perdoar dissipa as atitudes e lembranças negativas que estão alojadas nos níveis conscientes e subconscientes. Uma vez que a sua mente está localizada diretamente dentro de seu corpo, seus pensamentos e emoções ocupam espaço nas células, corrente sanguínea e órgãos de seu ser físico. A menos que uma purificação mental e emocional aconteça, essas emoções negativas prendem os seus problemas de saúde a você.

Apesar dos avanços na pesquisa científica e médica, nenhuma pílula ainda foi criada que consiga fazer com que uma pessoa doente faça a primeira coisa que deveria, metafisicamente, para ganhar a saúde permanente: perdoar.

Perdoar não é desagradável

Dentre os grandes xamãs de todos os tempos, estão os kahunas do Havaí que, por meio do uso do poder da mente, clarividência e técnicas sagradas desenvolvidas ao longo de séculos, sabiam como desempenhar façanhas, como andar sobre o fogo, ver o futuro e mudá-lo, controlar o tempo, fazer curas instantâneas, curar os obcecados mentais e ressuscitar os mortos.

Max Freedom Long passou muitos anos aprendendo esses segredos, que ele revela no livro *Milagres da ciência secreta*[4]. Descobriu que eles conheciam princípios de cura, alguns agora defendidos pela psicologia moderna. Por exemplo, os kahunas sabiam que a purificação da mente dos complexos de culpa (que eles descreviam como "algo que consumia por dentro") era uma das primeiras leis da cura. Para atingi-la, eles conduziam uma "cerimônia do perdão", que provou ser um poderoso ritual para a cura.

Não há nada de desagradável ou constrangedor sobre o ato de perdão. A "cerimônia do perdão" pode ser bem simples. Perdoar não significa que você tenha de se rebaixar e se humilhar perante aqueles que você acredita tê-lo ofendido.

---
4   Grupo Editorial Monismo, São Paulo, 1961.

Perdoar quer dizer "doar por", "substituir" o mau sentimento, ganhar uma sensação de paz e harmonia novamente. *Perdoar, literalmente, significa "desistir" daquilo que você não deveria ter mantido antes de tudo!*

Na maioria das vezes, não é preciso fazer contato direto com os envolvidos no ato de perdão, a menos que surja uma ocasião que a demande. Se esse momento surgir, será parte do processo de cura. Conforme você muda de atitude para com os outros, eles inconscientemente responderão mudando as atitudes deles em relação a você.

Um homem de negócios começou a praticar o perdão diário. Ele estivera em desarmonia com vários sócios. Isso vinha afetando sua saúde e prosperidade. Conforme ele começou a falar as palavras de perdão, aconteceu uma coisa interessante: os sócios com quem ele estivera em discórdia apareceram de todas as partes. Fizeram questão de cumprimentá-lo cordialmente, mesmo quando tiveram de atravessar uma rua agitada para fazê-lo. Trataram-no mais como um velho amigo que um antigo inimigo. Percebendo que eles, inconscientemente, o tinham perdoado, a sua saúde e os negócios melhoraram imediatamente.

Como perdoar

Há uma forma simples de praticar o perdão. Medite diariamente a respeito e diga estas palavras:

Perdoo tudo o que me ofendeu. Perdoo qualquer coisa que tenha me tornado amargo, ressentido, infeliz. Por dentro ou por fora, eu perdoo. Coisas passadas, coisas presentes e coisas futuras, eu perdoo.

Às vezes, é preciso persistir. O primeiro ato do perdão pode não trazer a mudança de atitude e a paz que se busca, porém trará melhoras. Você não acumulou esses ressentimentos com um pensamento negativo forte, tampouco um pensamento positivo forte os fez desaparecer.

Uma professora frustrada, obesa e divorciada soube da lei da cura pelo perdão e concluiu que este seria o remédio para os seus vários problemas. Fez votos de perdão. Uma semana mais tarde, ela disse feliz a uma amiga: "Perdoei todos que conheço!" Muitas semanas depois disso, quando o poder de cura do perdão ainda se processava dentro de suas emoções mais profundas, ela relatou tristonha: "Não sabia que odiava tantas pessoas".

Num esforço de solucionar um problema de saúde, uma dona de casa disse palavras de perdão diariamente durante várias semanas. Certa noite, pouco antes de se recolher, a sua prece de perdão foi esta:

Perdoo tudo e todos que eu possivelmente preciso perdoar no meu passado e no presente. Eu, positivamente, perdoo todos. Sou livre e eles estão livres também. Todas as coisas estão esclarecidas entre nós agora e para sempre.

Naquela noite, ela teve um sonho em que se lembrava de um sentimento forte de ódio que tivera em relação a um parente vinte anos antes. Aquela emoção forte se acumulou em seu sonho e ela gritou: "Não é verdade, eu não te odeio. Eu te perdoo". Enquanto mencionava essas palavras, ela acordou e percebeu que um ato de perdão tinha acontecido. Embora não fosse consciente e sequer se lembrasse daquele velho ódio, ao insistir em dizer as palavras de perdão, ele invadiu os níveis subconscientes da sua memória e o trouxe à tona para ser curado.

Pode ser que você não tenha consciência do que ou de quem você precisa perdoar no passado ou no presente. Não é necessário que saiba, embora, com frequência, isso seja revelado a você quando invocar o perdão. O único requisito é que você diga as palavras de perdão espontaneamente e deixa--as fazerem o trabalho de purificação.

Como o perdão traz saúde e riqueza a uma dona de casa

O perdão genuíno não é um ato informal. A palavra indica uma "purificação", "uma destruição da transgressão". O perdão é forjado na própria textura da alma. Leva tempo e persistência para o verdadeiro perdão invadir os níveis subconscientes.

Uma dona de casa soube da lei da cura do perdão e começou a usá-la, esperando melhora na saúde. Durante um ano inteiro, ela declarou diariamente:

Eu perdoo total e livremente. Eu libero e liberto. Liberto e deixo Deus fazer seu trabalho perfeito de cura da minha mente, corpo e coisas.

Quando o persistente problema de saúde desapareceu, seu médico disse tratar-se de um milagre. Ela disse que foi o milagre do perdão. Ao fim daquele ano, ela também recebeu um outro milagre — uma grande herança — de uma das pessoas que ela levou o ano inteiro para perdoar!

O segredo de cura de um milionário

O ressentimento, a condenação, a raiva, o desejo de "ajustar as contas" ou de ver alguém punido ou magoado são coisas que corroem a alma e acabam com a saúde. Você deve perdoar ferimentos e mágoas do passado e do presente, não tanto por causa da outra pessoa, mas pelo seu próprio bem.

Um homem de negócios aposentado, com mais de setenta anos, relatou o segredo de sua vitalidade surpreendente, sucesso nos negócios e felicidade pessoal, que incluía uma noiva jovem e amável:

"Várias vezes por semana, jogo golfe com alguns camaradas idosos do trabalho, aposentados. Jogamos apenas por amizade. Não há competição no campo de golfe porque, durante os últimos dez anos, eles foram 'caindo aos pedaços'. O motivo de eles não estarem bem de saúde e parecerem mais velhos que a idade é este: passam o tempo todo olhando para o passado, falando sobre os problemas de negócios que tiveram anos atrás e sobre todas as pessoas que os enganaram. Constantemente, eles criticam e encontram defeitos. O fato de não saber perdoar minou a saúde deles e o jogo de golfe.

Descobri há muito tempo que devo sempre perdoar, se quiser ser saudável e feliz. Perdoar é mais simples que a maior parte das pessoas pensa, especialmente quando se faz disso um hábito. E vale a pena o esforço. Tudo que tenho agora em relação à saúde, riqueza e felicidade veio do ato de perdoar e de esquecer as mágoas do passado."

O perdão dissolve o caroço

A mágoa ou o ódio de qualquer tipo cicatriza a alma e opera uma doença na carne. A doença não será curada totalmente enquanto você permanecer sem dar o perdão.

Uma mulher descobriu um caroço na mama. Em vez de disparar desesperada em discussões negativas com os outros, ela decidiu analisar a situação mentalmente e orar pedindo orientação.

Ela percebeu que uma doença penosa no corpo indica uma doença penosa na mente e orou: "Senhor, que pensamentos difíceis de ressentimento, condenação ou falta de perdão eu tenho mantido? O que ou quem eu devo perdoar?"

Já que a resposta não surgiu imediatamente, ela continuou a orar e a meditar diariamente e perguntava: "De que atitudes difíceis preciso me livrar e do que devo desistir para ser poupada desta doença?" Certo dia, em meditação, ela se viu pensando sobre o marido e uma mulher com quem ele se envolvera cinco anos antes. Na época, ela tinha encarado a experiência numa boa, o assunto havia desaparecido de sua mente. Agora, ela e o marido estavam mais felizes que nunca, mas ela percebeu, no período de meditação, que ainda mantinha pensamentos negativos sobre aquele período desanimador.

Para a "outra" ela declarou: "eu, de livre vontade, a perdoo, eu a liberto e deixo você partir. Está feito. Está encerrado para sempre".

Para o marido, ela disse mentalmente: "De livre vontade, eu o perdoo e deixo passar todos os falsos conceitos sobre você, você é um marido adorado e fiel, e nós temos um casamento maravilhoso. Apenas coisas boas surgiram dessa experiência".

Ela afirmou essas palavras de perdão durante a hora de prece diária, por várias semanas. Certo dia, ela percebeu que o caroço na mama tinha desaparecido, mas nunca soube quando ele sumiu.

O poder cerceador do ódio

Quando se mantém ressentimento do outro, você fica conectado àquela pessoa, ou condição, por uma ligação emocional que é mais forte que o aço. O perdão é a única forma de dissolver essa ligação e tornar-se livre.

Uma enfermeira ficou seriamente ferida durante uma colisão com um carro dirigido por um motorista embriagado. Após se recuperar do acidente, ela retomou a profissão de enfermeira. Várias vezes, o homem responsável pela colisão deu entrada no hospital onde ela trabalhava, sempre em estado de intoxicação.

Ressentida com o problema que ele lhe provocara, ela se recusou a atendê-lo, e o médico assegurou-lhe que ela não seria designada para aquele caso.

Certo dia, houve falta de pessoal naquele setor, e ela era a única enfermeira disponível quando a lâmpada no quarto daquele paciente acendeu. Uma vez que a situação era inevitável, ela pegou a bandeja e o medicamento. Quando ela apareceu, ele a reconheceu, falou sobre o acidente e disse que ele tinha ficado preocupado com a situação financeira dela, ao saber que ela era viúva e tinha filhos para sustentar.

Enquanto conversavam, ele pediu perdão e ela concedeu. Surgiu a paz. O fato inacreditável é que, logo após a conversa, ele foi liberado do hospital, e ela nunca mais ouviu falar que ele tivesse dado entrada no hospital novamente. Esse homem queria o perdão da pessoa que ele ferira. Ao obtê-lo, ele desapareceu da vida dela.

Como o ódio atrai

Uma mulher de negócios provou o poder de atração do ódio. Seu amante havia morrido. Embora ele tivesse mantido o caso amoroso com ela durante mais de uma década, à morte, ele ainda estava casado com uma esposa fiel. Sua morte súbita deixou a ex-amante cheia de ódio pela esposa dele, que herdou a sua fortuna.

Conforme esse ódio da mulher de negócios crescia, o mesmo acontecia com os seus problemas. Ela começou a contaminar sua vida com bebida e drogas. Embora em um estado nervoso extremado, ela foi obrigada a retomar o trabalho num esforço para pagar as dívidas que se acumulavam e arrumou um emprego como balconista de uma loja. Por ironia, a esposa de seu ex-amante começou a fazer compras na mesma loja e parecia atraída pelo departamento dessa mulher. A viúva não sabia de nada sobre a ligação daquela mulher com o marido falecido e não percebeu o que ela pedia emocionalmente, quando se aproximou da vendedora pedindo conselho sobre certos produtos.

Nervosa, a vendedora perguntou: "Por que isso está acontecendo comigo? Será que eu já não passei por coisas demais?". Então ela percebeu a ironia do ódio e esse fantástico poder de atração.

Depois que ela começou a falar diariamente palavras de perdão por toda a situação, a rica viúva desapareceu de sua vida. Conforme a vendedora foi capaz, aos poucos, de purificar o seu espírito, ela conseguiu retomar a vida normal e, mais tarde, casar-se e ser feliz.

Uma fórmula de perdão

É mais fácil perdoar os que estão inclinados a condenar, a ressentir, até mesmo a odiar, quando se lembrar disto:

Na verdade, eles não falharam nem o desapontaram, sequer os deixaram na mão. Eles podem ter tropeçado enquanto cruzavam o seu caminho. Mas, na verdade, são filhos de Deus que temporariamente se perderam no caminho.

Eles cruzaram o seu caminho porque precisavam e queriam a sua bênção. Inconscientemente, eles o buscavam para se estabilizar e seguir adiante. O seu progresso não foi impedido, seja o que for que tenham feito, eles não podem impedir o seu bem.

Eles cruzaram o seu caminho por compromisso divino, mesmo que parecessem magoá-lo por um instante. Quando as pessoas o incomodam de qualquer forma, é porque as suas almas estão tentando conseguir a sua atenção divina e a sua bênção. Ofereça isso a elas, e eles não vão mais incomodar, pois desaparecem da sua vida e encontram o bem em outra parte. Enquanto isso, a restauração divina ocorrerá em suas próprias questões.

Uma enfermeira provou a verdade dessas ideias. Ela estava casada com um homem que fora casado antes. Ao saber de seu segundo casamento, a ex-esposa dele espalhou boatos horríveis. Certo dia, a ex-esposa ficou muito doente e deu entrada no hospital onde a enfermeira (a segunda esposa) trabalhava. Ela foi informada pelo seu superior: "A ex-esposa do seu marido está aqui como paciente. Você não precisa atendê-la".

A enfermeira respondeu: "Eu prefiro não atendê-la, mas, se for preciso, não vou me recusar".

Certo dia, foi necessário. Quando a enfermeira respondeu a um chamado e viu a agonia pela qual a ex-esposa de seu marido passava, ela percebeu o alto preço que aquela mulher pagava pelas palavras de crítica. "Senhor, tenha piedade, pois ela não sabe o que fez", foi a prece de perdão da enfermeira pela paciente.

Quando a paciente se recuperou, ela nunca mais fez fofocas sobre a enfermeira.

O perdão se inicia com aquele que reconhece a ofensa. Quando você tira a ofensa do coração, você o absolveu. A reconciliação que você traz dentro de si terá o efeito sobre o seu irmão, e haverá um perdão automático da parte dele na sua direção, seja consciente ou não.

Quando as coisas boas se atrasam

Com frequência, as pessoas tentam ignorar a necessidade do perdão: "Não é da minha conta. Não tenho nada a perdoar".

Se tiver algum problema, você tem algo a perdoar. Qualquer pessoa que experimenta a dor tem necessidade de perdoar. Qualquer um que se veja em circunstâncias desagradáveis tem necessidade de perdoar. Qualquer pessoa que se sinta em dívida tem necessidade de perdoar. Onde quer que haja sofrimento, infelicidade, privação, confusão ou infelicidade, de qualquer tipo, há necessidade de perdoar.

Há um velho provérbio: "Aquele que não consegue perdoar os outros quebra a ponte sobre a qual ele mesmo deverá passar um dia".

Quando as coisas boas estão atrasadas, está na hora de perdoar. Com frequência, tudo está estagnado, e há um nó, até que o perdão seja liberado na situação por você.

Um jovem casal há muito lutava para adotar uma criança. Eram saudáveis, felizes, prósperos, inteligentes; no entanto, as agências de adoção constantemente os recusavam. Era um problema desesperador.

Certo dia, a esposa soube que, quando o seu bem é adiado, isso indica a necessidade de perdão. Conforme ela começou a praticar o perdão diariamente, declarando:

Eu perdoo totalmente e de boa vontade qualquer pessoa ou qualquer coisa que necessite de perdão no meu passado ou presente, velhas mágoas, ressentimentos, aborrecimentos, preconceitos e lembranças infelizes vieram à mente. Para cada um, ela disse: *Eu o perdoo e o liberto*. Um sentimento de paz tomou conta dela.

Mais tarde, ela soube de uma agência de adoção fora da cidade com a qual não tinha feito contato. Ao fazê-lo, acabou por adotar um lindo bebê. O perdão consegue dissipar tudo que atrasa a sua corrida em direção ao bem. Essa mãe adotiva provou o fato.

Quando o mesmo problema se repete

Com frequência, o mesmo problema se apresenta a você repetidas vezes, de várias formas, até ser libertado por meio do perdão.

Outra dona de casa teve um problema desesperador: seu primeiro casamento acabou, com a morte precoce do jovem marido. Durante o segundo casamento que se seguiu, ela logo percebeu que enfrentava o mesmo tipo de problemas que vivia no primeiro matrimônio, embora vivesse a quilômetros de distância, em circunstâncias novas e entre pessoas diferentes.

Seu problema principal era a sogra, que não a aceitava, interferia constantemente, numa tentativa de dominar o seu marido.

Certo dia, quando ela orava: "Pai, qual a verdade sobre esta situação?" O pensamento aflorou rapidamente até ela: "Você teve problemas com a primeira sogra também. Ela também tentou afastar o seu marido de você. Você nunca a perdoou. Eis o mesmo problema se repetindo".

Aliviada em ter a resposta, esta jovem esposa começou a chamar o nome da primeira sogra, dizendo mentalmente:

Eu a perdoo totalmente e de livre vontade. Eu a liberto e a deixo partir. Todos os maus sentimentos foram esclarecidos entre nós, agora e sempre.

Ela usou o mesmo tratamento para a sogra atual.

Isso se provou correto, produzindo libertação e alívios emocionais. A harmonia e a libertação da interferência funcionaram.

Certa vez, um doutor em teologia disse que, se Jesus não tivesse ousado dizer na cruz: "Pai, perdoai-os porque eles não sabem o que fazem", Ele não poderia ter tido a experiência da ressurreição (Lucas 23: 24).

Se apenas uma pessoa ousar perdoar, o problema poderá ser resolvido, independentemente de quem mais estiver envolvido e se qualquer outra pessoa estiver disposta a perdoar.

A pessoa que ousa perdoar ganha controle da situação. Pode parecer que não exerceu nenhum poder antes para resolver o problema, mas, de repente, haverá uma mudança. A situação começará a se transformar e se rearranjar sozinha. A pessoa que perdoa vislumbrará uma solução divina surgindo. O estado mental do perdão é um poder magnético para atrair o bem. Nenhuma coisa boa pode ser contida com o estado mental de perdão.

Um remédio infalível

Juntamente com o perdão a outros, é necessário se perdoar. A autocondenação leva a resultados horrorosos em questão de saúde e finanças. Às vezes, não perdoamos circunstâncias: uma infância infeliz, a perda ou a negligência dos pais, a perda de algum bem material. Às vezes, não perdoamos a Deus, culpando-O pelas nossas perdas, falta de saúde e outros problemas, em vez de perceber que eles foram autoinfligidos.

Charles Fillmore, um homem de negócios do Kansas, cofundador da igreja da Unidade[5], enquanto passava por uma cura dramática, certa vez deu uma fórmula de perdão que inspirou milhões de pessoas. Ele a descreveu como *um remédio infalível*

Aqui está um tratamento mental garantido para a cura de qualquer mal, do qual a carne é herdeira: sente-se durante meia hora todas as noites e perdoe mentalmente todos contra os quais você tem maus pensamentos ou antipatia. Se tiver medo ou se tiver preconceito até mesmo contra um animal, peça mentalmente perdão por isso e envie pensamentos de amor. Se tiver acusado alguém de injustiça, se tiver discutido com alguém de forma rude, se tiver criticado ou fofocado sobre alguém, retire as suas palavras pedindo-lhe em silêncio para perdoá-lo. Se tiver tido uma discussão com amigos ou parentes, se estiver com problemas com a lei, ou envolvido em litígio com alguém, faça tudo que puder para evitar a separação. Veja todas as coisas e todas as pessoas como elas são — espíritos puros — e envie-lhes os seus pensamentos mais fortes de amor. Não vá para a cama à noite, sentindo que tem um inimigo no mundo.

Uma prece que inclui todos os perdões é assim:

Eu perdoo tudo, todos e todas as experiências, todas as lembranças do passado ou do presente que precisem de perdão. Eu perdoo todos positivamente. Deus é amor, e eu sou perdoado e governado pelo amor de Deus, apenas. O amor de Deus agora está se ajustando à minha vida e seus problemas. Ao perceber isso, eu fico em paz.

---

5   Unity School of Christianism [Escola da Unidade da Comunidade Cristã], mais conhecida como Unity Church [Igreja da Unidade], ou simplesmente Unity [Unidade], foi fundada em 1889 por Charles Fillmore (1854-1948) na cidade do Kansas, no estado do Missouri, Estados Unidos, adotando os princípios do movimento do Novo Pensamento. A Igreja da Unidade é mundialmente conhecida pela publicação de sua revista *Daily Word*.

Como invocar o perdão de outros

Como foi dito anteriormente, você tem o poder de, deliberadamente, proferir palavras que vão fazer com que os outros o perdoem.

Uma dona de casa teve caroços grandes e dolorosos sob os dois braços. Ela temia um exame médico, pois percebia que isso provavelmente produziria um diagnóstico de doença incurável e uma cirurgia complicada. No entanto, as preces para a cura não pareciam surtir efeito, até que ela soube da lei da cura pelo perdão. Mesmo assim, quando ela disse as preces de perdão em relação a outros, não ocorreu nenhuma mudança importante na sua saúde. Mas, quando ela começou a falar palavras de perdão para os outros *em relação a* ela, algo forte ocorreu. Os caroços sob os braços, com dor e inchaço constantes, começaram a diminuir e, finalmente, desapareceram.

Perdoe desistindo

Junto com as palavras pronunciadas em voz alta para produzir o perdão, às vezes, é necessário fazer algo dramático de uma forma externa para produzir resultados satisfatórios. A palavra *perdão* significa "desistir". Às vezes, a melhor forma de perdoar aos outros, e de fazer os outros o perdoarem, é desistir deles.

Devido ao divórcio, uma mulher de negócios viu-se sem o amor e a companhia do filho por mais de uma década. Embora ela tivesse se casado novamente e fosse feliz, ela se prendia às lembranças amargas do passado em relação ao divórcio e a um sentimento de perda do filho.

Então, de repente, ela soube do filho novamente e fez planos para o encontro tão aguardado. Porém, quando ocorreu, foi um grande desapontamento. O filho não apenas parecia um estranho para ela, como também começou a elogiar o ex-marido cada vez mais, propositadamente, embora tivesse sido o ex-marido que os tivesse mantido separados por tanto tempo. Além disso, o filho não parecia interessado no encontro, a não ser pela questão de possibilidades financeiras para ele e seu futuro. Após essa visita insatisfatória, ele retornou à casa, saiu do emprego e sempre pedia dinheiro para a mãe.

Ela consentia, com alegria, até que soube que a maior parte do dinheiro que ela enviava ao filho ia para o ex-marido, e o filho tinha perdido toda a motivação tanto para trabalhar quanto para estudar.

Enquanto isso, ela, que vinha tentando sem efeito o que na verdade era uma reconciliação de apenas uma das partes, começou a enfrentar vários problemas de saúde que a atingiram com força renovada. Aos poucos, ela percebeu que velhas divergências tinham sido reativadas dentro dela e poderiam estar afetando a sua saúde. E como a sua vida acima da média tinha surpreendido o filho e o ex-marido, inconscientemente, ela poderia ter absorvido os ressentimentos deles em relação a ela.

Ela decidiu perdoá-los, desistindo de todo o contato com eles. Explicou ao filho que, se e quando os motivos dele fossem uma reconciliação sincera que não envolvesse ganho financeiro, talvez o relacionamento entre eles poderia ser restabelecido. Sua falta de gratidão para a ajuda que ela tão generosamente estendera a ele e a sua falta de resposta a livravam de qualquer outro falso sentimento de responsabilidade. Abrir mão desse relacionamento também a livrou dos problemas de saúde que ele provavelmente provocou.

Quando ela "perdoou", ao "desistir", os problemas de saúde dela também desistiram.

Uma afirmação dinâmica para o perdão

Uma ótima afirmação para ser usada para o perdão de outros em relação a você é:

Agora sou perdoada de tudo e por todos do passado e do presente que precisam me perdoar. Agora sou perdoada positivamente por todos.

Você pode ter certeza de que o perdão é poderoso. O perdão cura todos os males. O perdão torna o que é fraco, forte. O perdão transforma os covardes em corajosos. O perdão faz dos ignorantes, sábios. O perdão deixa os pesarosos felizes. O perdão consegue desbloquear qualquer coisa que esteja entre você e o seu bem. Abra as portas para ele.

4.
A lei da cura pela libertação

Você pode ficar surpreso ao descobrir que a causa emocional de seus problemas de saúde pode ser a possessividade ou o sentimento forte de ligação com (ou por alguma) pessoa, situação ou condição em sua vida. Ainda mais surpreendente será saber que você deverá libertar emocionalmente essa pessoa (ou ganhar a libertação), situação ou condição, a fim de trazer a cura para a sua própria mente, corpo e ocupações.

As suas ligações afetivas afetam muito a sua saúde. Por trás de cada doença está uma falta de direção de natureza afetiva. Qualquer distúrbio na afeição desequilibra a saúde da pessoa.

Embora, com frequência, pensemos sobre a intensa ligação emocional como uma das formas máximas de amor, a verdade é exatamente o contrário: quando essa intensa ligação emocional toma a forma de possessividade, ela leva ao aprisionamento; entretanto, a forma do verdadeiro amor é a libertação daquele que amamos, sabendo que assim abriremos caminho para o desenvolvimento de uma forma mais satisfatória de amor. Nunca se perde nada de valor pela libertação. A libertação é magnética e vai atrair a sua própria libertação.

Se, por meio de laços emocionais profundos, você dirige a substância de seus pensamentos e sentimentos para a vida de outra pessoa, uma vez que você deveria estar usando-a na sua própria, essa falta aparece em forma de saúde deficiente ou alguma outra forma de desequilíbrio em sua própria vida.

A palavra "libertar" significa "soltar", "deixar livre". Geralmente não é um inimigo que você precisa libertar emocionalmente, mas um parente ou amigo. Uma ótima fórmula é perdoar os inimigos e libertar os seus amigos!

O filósofo Khalil Gibran aconselha em seu livro *O profeta*:

"Amem-se, porém, não façam do amor um grilhão. Liberem espaços quando estiverem juntos... Fiquem juntos, no entanto, não tão juntos assim."

Com frequência, tentamos curvar os outros à nossa vontade, chamando isso de amor, quando se trata de mera possessividade. Depois ainda nos perguntamos por que as pessoas envolvidas não apreciam a nossa "ajuda" e por que elas reagem negativamente.

Como eles curaram seus parceiros

Uma dona de casa se preocupou durante meses com a doença do marido. Quanto mais ela tentava ajudá-lo a se recuperar, mais ele piorava. Certo dia, ela soube da lei da cura pela libertação e disse secretamente ao marido:

Eu te amo, mas vou soltá-lo até a liberdade completa e a saúde completa, seja o que for melhor.

Quando essa esposa tinha tentado ajudar o marido antes, usando várias afirmações de cura, ele resistiu subconscientemente às tentativas dela de lhe desejar o restabelecimento da saúde. Quando ela o libertou para encontrar a saúde à sua própria maneira, cessando qualquer esforço mental nessa direção, os seus males anteriores desapareceram.

Na área da saúde, o poder de libertação é essencial. Uma mulher com resfriado forte tossiu a noite inteira. Como não conseguia dormir, o marido acordou antes de o nascer do sol e invocou a lei da cura pela libertação para ela, dizendo em silêncio: "Você pode tossir, se quiser. Eu liberto a sua tosse. Não é nada demais". Rapidamente a esposa relaxou em um estado de sono profundo. Ao acordar, ela estava totalmente refeita; a tosse desaparecera.

O poder transformador da libertação

Um jovem pastor vinha sofrendo de dores abdominais fortes durante vários dias, embora o médico não tivesse descoberto nada de errado fisicamente. O remédio prescrito não tinha aliviado a dor, e o jovem estava ansioso pela recuperação, para que ele pudesse ir no dia seguinte a uma reunião de pastores num estado distante.

Finalmente ele relatou a dificuldade a um amigo, que percebeu que deveria haver um motivo emocional para a dor. A conversa revelou que o jovem pastor estava chateado por ter sido libertado das obrigações na igreja, em vez disso ele foi indicado para executar outro tipo de trabalho por sua congregação. Embora não tivesse mencionado os sentimentos para ninguém, ele secretamente considerava que uma injustiça havia sido cometida.

Juntos, esses dois amigos declararam:

Eu, totalmente e de livre vontade, liberto essa transferência de trabalho, eu a solto e a liberto. Eu a liberto e permito que o bem perfeito de Deus se manifeste por meio de todas essas mudanças, apenas o bem resultará disso.

Na manhã seguinte, toda a dor tinha passado, e ele partiu para a reunião de pastores. Durante a reunião, anunciaram que algumas bolsas de estudo estavam disponíveis para pastores que quisessem fazer doutorado em um campo específico da religião. O jovem se candidatou e recebeu a bolsa. Em vez de ter de assumir o emprego ao qual ele tinha sido transferido, aparentemente de forma injusta, ele deixou o estado para estudar num seminário reconhecido. Lá ele encontrou a futura esposa. Mais tarde, ele se tornou professor de religião e teve uma vida feliz. Ao dizer as palavras de libertação, o jovem pastor colocou em operação uma série de acontecimentos que o levaram muito mais longe que a mera cura física! Isso acontece com frequência.

Curado de leucemia pela libertação

No caso de diagnósticos mais sérios, o poder de cura pela libertação pode se provar igualmente eficaz.

Alguns anos atrás, uma mulher foi "abençoada com leucemia" — conforme suas próprias palavras. Ela sentiu que a experiência foi uma bênção, pois a fez buscar Deus e provar a Sua bondade. Por meio dessa cura, ela soube do onipotente poder da libertação.

Após o diagnóstico de "incurável" ter sido dado, ela se lembrou de uma amiga que tinha sido curada de câncer no cérebro por meio de fé e orações. A lembrança daquela cura de uma doença supostamente incurável deu a essa mulher a coragem de acreditar que ela também poderia ser curada.

Enquanto ela orava: "Seja feita a Sua vontade, Pai. O Senhor a curou e o Senhor pode me curar", todo o medo da morte a deixou. No entanto, a dor, o inchaço e outros sintomas desagradáveis continuaram.

Certa noite, quando já tinha sido desenganada, ela debilmente se libertou diante de Deus: "Pai, ninguém nesta Terra vai tentar fazer algo por mim. Agora estou em Suas mãos.

Eu liberto, solto e deixo partir e entrego a Ti a bondade que possa ser feita".

Ela mergulhou em um sono restaurador após sussurrar essa prece. Quando acordou na manhã seguinte, todo o inchaço tinha desaparecido de seu corpo. Ela tinha perdido mais de sete quilos naquela noite. Sentiu-se tão bem que pediu a comida predileta e recusou a dieta líquida.

Embora durante meses ela não tivesse saído da cama, logo ela começou a caminhar pelos quarteirões todos os dias, subindo e descendo ladeiras, alegrando-se e dando graças por ter sido curada. Os vizinhos pensaram estar vendo um fantasma. Quando o médico a examinou e descobriu todos os órgãos do corpo perfeitos, ele comentou que, com certeza, ela tinha "conseguido tempo adicional com o Senhor".

Maior prova de sua cura surgiu mais tarde quando ela extraiu os dentes. Essa cirurgia bucal deveria ser fatal para pessoas com leucemia. No entanto, para ela, foi uma experiência sem traumas. Muitas décadas se passaram desde a cura e ela permaneceu saudável.

A libertação propicia harmonia às famílias (nova e antiga) de uma mulher divorciada

Em todos os níveis da vida, precisamos praticar a libertação. Com frequência, pensamos que queremos nos livrar de nossos problemas, quando, na verdade, nossos problemas querem se livrar de nós. Embora possa balançar o ego, ao lhes dar essa liberdade, em geral os problemas se dissipam.

Durante dez anos, uma mulher divorciada e seu ex-marido alimentaram uma batalha judicial pela custódia dos filhos. Durante dez anos, os dois passaram por problemas financeiros e de saúde, além da frustração emocional.

Finalmente, essa mulher divorciada soube do poder de cura pela libertação. Quando começou a liberar os filhos aos cuidados de Deus, ela conheceu e se casou, feliz, com um ótimo viúvo. Ele tentou ajudá-la com as questões legais a respeito dos filhos, que permaneciam com o ex-marido. Durante alguns meses, a batalha judicial prosseguiu. Magoada, ela escreveu sobre os problemas que enfrentava.

Sugeriram que ela não apenas libertasse e deixasse os filhos aos cuidados de Deus, mas também o ex-marido, a quem ela continuava a condenar. Aliviada por saber o que fazer, ela começou a declarar diariamente para ele, mentalmente:

Eu, de forma total e de livre vontade, o liberto. Eu o liberto e o deixo partir. Tudo o que aconteceu entre nós está libertado agora e para sempre. Eu o liberto para o seu grande bem.

Essa provou ser uma oração milagrosa. O ex-marido, que tinha permanecido solteiro dez anos, logo se casou. A nova esposa o convenceu de que, se a ex-esposa quisesse os filhos, ela deveria ter a permissão de ficar com eles, uma vez que agora ela tinha capacidade de provê-los emocional e financeiramente com todas as bênçãos.

Mais tarde, a mãe dessas crianças escreveu: "Como a lei da cura pela libertação é poderosa! Agora eu e os meus filhos estamos 'vivendo felizes para sempre' com o meu novo marido, que é ótimo, nesta linda propriedade rural. Que contraste com aqueles anos difíceis em que ficamos em um apartamento lotado, encarando todos os problemas emocionais e financeiros sozinhos!"

A libertação leva ao emprego certo

Um consultor de relações públicas estava com problemas nos negócios. Durante algum tempo ele tinha tido a sua própria empresa. Com a ajuda de um assistente, tinha representado várias empresas ótimas, lidando com sucesso na área publicitária. Então veio a decadência nos negócios, fazendo-o perceber que, aparentemente, a mudança insistia em se intrometer na sua carreira.

Ele se candidatou a vários empregos ótimos, disponíveis naquela parte do país, entretanto a sua escolha pessoal seria na sua própria cidade, representando um enorme centro médico. Essa posição de prestígio traria viagens interessantes e contatos pessoais com algumas das mais altas autoridades médicas nos Estados Unidos. Claro, o emprego também lhe garantiria segurança financeira.

Porém, conforme as semanas passavam, algo atrasava a decisão sobre esta e várias outras posições em que ele estava interessado. As pessoas responsáveis pareciam incapazes de tomar uma decisão a respeito de quem contratar.

Como os seus negócios não iam bem, ele buscou o conselho de seu pastor, que disse: "Há um bloqueio. Um bloqueio dentro de você. Há algo que você precisa libertar. Quando isso acontecer, o emprego certo estará livre para você". Depois de ponderar silenciosamente a respeito dessas notícias surpreendentes, o homem de negócios respondeu: "Claro! Eu e a minha esposa concordamos que uma mudança de emprego seria bom, mas estamos no processo de adoção de uma criança, e um dos requisitos é que permaneçamos residentes neste estado. Queremos um emprego melhor, mas também queremos a criança".

O pastor respondeu: "O bem de um é o bem de todos. Se essa criança for sua por direito divino, todas as questões legais vão funcionar de modo harmônico em conjunto com a sua residência e o seu trabalho. Coloque a situação toda nas mãos de Deus e liberte-a para a solução perfeita. Assim as peças vão se encaixar". Juntos, eles fizeram a oração da libertação. Em casa, esse homem e a esposa também pronunciaram as palavras de libertação.

Em poucos dias, esse executivo foi chamado ao centro médico. Disseram que ele fora indicado como o novo consultor de relações públicas. Mais tarde, eles tornaram-se os pais legais de uma criança adotiva.

Os seus problemas não se criam sozinhos. Você os cria pelo seu próprio pensamento temeroso. Por meio da expressão de palavras de libertação, esses problemas são, então, libertados para funcionarem da melhor maneira possível.

O poder de libertação na resolução de problemas em relacionamentos familiares

Libertação é deixar livre, é soltar. Quando quer ser libertado de uma saúde deficiente e de outros problemas, você deve emitir palavras de libertação tanto para si quanto para os outros.

Uma mulher vivia dizendo: "É pena que o meu marido seja tão fracassado nos negócios. *Eu* sou o cérebro da família. Se não ajudá-lo a gerenciar os negócios, vamos quebrar".

Certo dia, ela ficou doente e, por três meses, não pôde chegar ao local de trabalho. Devido à doença, ela foi obrigada a libertar os negócios para serem gerenciados pelo marido, da melhor forma que ele julgasse.

Foi um choque para essa mulher saber que ela *não* era o "cérebro da família"; o marido foi perfeitamente capaz de lidar com os negócios de uma forma totalmente bem-sucedida. Mais tarde, ela disse: "Como fiquei grata por aquela doença. Ela me fez libertar o meu marido e o nosso negócio para um sucesso maior ainda, que eu jamais poderia sonhar ter sido possível".

Os seus entes queridos devem ter a liberdade de viver as suas próprias vidas, e você deve assegurá-la para eles, ou gerará problemas para eles e para si. Se quiser estar livre de todos os tipos de problemas na mente, no corpo e nas suas ocupações, então você deve libertar emocionalmente as outras pessoas para encontrarem o seu próprio bem, à sua própria maneira. Um canal óbvio, então, é aberto para o grande bem surgir a todos os envolvidos. Sua própria liberdade e seu próprio bem-estar dependem dessa libertação, assim como a liberdade e o bem-estar de seus amados.

Uma profissional estava bastante preocupada com o filho solteiro. Ele era bem-sucedido no trabalho, mas nunca se casara e ainda vivia com a mãe. Viúva, ela tinha dedicado muitos anos de sua vida aos cuidados e à educação do filho. Ela sentia que estava na hora de ficar livre para viajar e talvez iniciar-se em outro campo de trabalho. Também gostaria de ver o filho casado e feliz, com uma casa e família próprias. Percebeu que sua liberdade individual dependia da libertação emocional do filho.

Então, pareceu que os sonhos dela estavam se tornando realidade. O filho encontrou a garota que ele queria. No entanto, em vez de ficar feliz, a mãe ficou chateada e ressentida, sempre achando defeitos na garota. Quando ficou doente, o médico disse que ela estava sofrendo de hipertensão provocada por alguma "ansiedade secreta".

Ela sabiamente concluiu que, para se livrar da doença, deveria libertar o filho para viver a vida que ele achasse melhor. Diariamente, ela começou a declarar:

Eu, de forma total e de livre vontade o liberto. Eu o solto e o deixo partir para o bem. O bem de um é o bem de todos.

A ansiedade a deixou, os problemas de saúde desapareceram, e o filho se casou. Assim, ela ficou livre para a vida que secretamente almejava.

Quando as suas preces não forem respondidas, embora você conscientemente tenha buscado essa resposta por métodos espirituais, geralmente é uma indicação de que você precisa praticar a libertação — a libertação de alguma pessoa ou de uma situação; a libertação de alguns problemas financeiros ou de saúde. Quando isso acontecer, você abrirá o caminho para os seus problemas serem resolvidos.

Como a liberdade pode ser o momento decisivo para a felicidade, o sucesso e a cura

A maioria dos problemas de relacionamento simplesmente desapareceria se as pessoas envolvidas praticassem o milagre da libertação, em vez de tentar fazer as outras pessoas se conformarem com a vontade e maneira delas.

As pessoas que mantêm rédeas curtas com seus cônjuges e filhos, geralmente, questionam por que a prosperidade e a saúde foram pessoalmente tiradas delas. As pessoas que mantêm rédeas curtas com seus amigos, com frequência perguntam-se por que a saúde delas é tão deficiente e elas são incapazes de conseguir cura permanente.

Libertar os outros significa libertar a si mesmo! Quando você se sente ligado a outras pessoas, suas atitudes, seu comportamento e seu estilo de vida, você está (talvez inconscientemente) ligando-os a você. Então você começa a se sentir conectado, lutando contra o grilhão que você provocou. Sempre tenha pessoalmente a chave de sua liberdade. Você vira a chave para essa liberdade ao libertar a personalidade, o problema ou a condição que você acredita estar lhe prendendo. Você é o mestre, nunca o escravo, das circunstâncias. Você se torna vitorioso, e não vítima, quando ousa pronunciar as palavras de libertação para e pela pessoa ou coisa que você pensa estar prendendo você.

Uma mulher calma, centrada, estava casada com um homem dominador e desagradável vinte anos mais velho que ela. No entanto, eles pareciam compatíveis. Quando perguntaram como ela vivia em harmonia com o espírito teimoso do marido, a mulher respondeu baixinho: "Quando meu marido fica difícil, eu apenas o liberto, silenciosamente. Ele sempre se acalma e faz a coisa certa".

Os pais de adolescentes consideram que essa técnica ajuda. As pessoas têm uma forma de fazer as coisas certas, mesmo inconscientemente, quando estão emocionalmente prontas para isso.

Em casos de alcoolismo, vício por drogas e outras formas de doença mental, o uso da libertação, com frequência, provou ser o momento decisivo em direção à recuperação.

A libertação ocorre pela morte

Geralmente, em questões de "vida ou morte", nós nos agarramos a pessoas que querem seguir para o próximo plano da vida. Quando uma pessoa oscila entre a vida e a morte, após ter tido uma vida completa, você pode estar certo de que alguém a mantém no plano terrestre, e ela deve ser libertada para procurar o seu bem em outra parte. Para essas pessoas, a morte é a cura. Pode ser uma libertação bem-vinda pela qual as almas anseiam.

Um homem de negócios estava preocupado com a esposa, que vinha sofrendo de dor durante vários meses devido ao câncer. Ele disse: "Acho que ela não vai mais aguentar, nem eu. O que posso fazer para ajudá-la?"

"Liberte-a para ser curada conforme a vontade do Senhor", foi a resposta.

Então esse homem declarou à esposa: "De forma total e de livre vontade, eu a liberto. Eu a solto e a deixo partir. Eu a deixo partir e deixo Deus curá-la à sua própria maneira". Em alguns dias, a mulher faleceu durante o sono, tranquilamente.

Uma professora de crianças estava preocupada com a mãe, que estava em coma durante mais de um ano. Essa mãe adorada tinha uma família enorme, com muitos filhos que a amavam. A filha disse: "Sei que a minha mãe quer passar para o outro plano da vida, para se unir a meu pai, a quem ela amava muito. Ela está inconsciente há um ano, em uma clínica, dependendo de cuidados médicos. A maior parte de suas posses já foi gasta com esses cuidados. Mas eu tenho um irmão que fica chateado quando a possibilidade da morte é mencionada. Ele parece estar prendendo-a aqui".

As palavras de libertação foram pronunciadas por essa mãe. Palavras de libertação foram então dirigidas para esse filho: "Você, de forma total e de livre vontade, liberta a sua mãe. Você a solta e a deixa partir. Você a deixa partir e deixa Deus curar a sua mãe da melhor forma possível". Em dez dias, a mulher faleceu. De forma surpreendente, o filho pareceu aliviado pela transição pacífica da mãe.

A libertação pode trazer a recuperação

Frequentemente, quando uma pessoa é libertada para o seu bem, em vez de morrer, ela se recupera!

Um homem rico estava no leito de morte, cercado de parentes atentos que ele sentia estarem mais interessados em sua riqueza que em sua saúde. Esse homem parecia dividido entre a vontade de viver e a vontade de morrer.

Um homem de negócios, amigo dele, foi visitá-lo uma noite, quando ele estava muito deprimido. O doente ordenou aos parentes que saíssem do quarto, reclamando ao amigo: "Eles não estão preocupados comigo, estão apenas esperando para pegar o meu dinheiro". Depois entrou em coma.

O visitante sentou-se na cama do homem quando ele perdeu a consciência e disse: "Agora você encontra-se liberto de seus parentes, assim liberte-os e deixe-os partir. Eles não exercem poder sobre você. Eles não podem tirar a sua riqueza. Você está livre para ficar ou para partir. A escolha é sua". Aquela noite provou ser o ponto de virada na doença dele. Ele se recuperou, voltou à consciência, mais tarde teve uma recuperação completa e novamente assumiu o controle de suas finanças.

Como se livrar da possessividade

Os seus problemas, às vezes, são provocados por possessividade e forte apego emocional que as outras pessoas têm na vida, por pensamentos negativos ou positivos sobre você. As suas palavras de libertação podem levar outras pessoas subconscientemente a libertar você.

Um empregado do governo, doente, foi aconselhado pelo médico a se mudar para uma região com outras condições climáticas. Ele se candidatou a uma transferência de emprego em uma área em que havia uma vaga. Durante meses, analisaram a sua proposta, mas nada acontecia.

Quando ele e a esposa souberam do poder de cura pela libertação, eles perceberam que parentes da cidade deles não queriam que eles fossem embora. O casal ganhou a liberdade ao declarar aos parentes: "Vocês, de forma total e de livre vontade, nos libertam, vocês nos soltam e nos deixam ir. Vocês nos deixam ir e deixam o bem de Deus se manifestar nesta situação". Logo os parentes disseram: "Por mais que queiramos que vocês fiquem aqui, perto de nós, vocês devem fazer o melhor para a sua saúde. Vamos fazer de tudo para ajudá-los nessa mudança". Em questão de dias, a transferência foi aprovada e eles rapidamente se mudaram para o novo emprego numa região em que o clima lhes era mais favorável.

A libertação de um morto resolve problemas financeiros e conjugais

Você pode emitir palavras de libertação e ganhar a liberdade até daqueles que passaram para o outro lado da vida. Às vezes, parece necessário fazê-lo, especialmente quando o falecido tinha personalidade forte, dominante.

Um jovem marido era tão dominado pela mãe que finalmente deixou a esposa e voltou a "morar com a mãe".

A esposa disse amargurada: "Se a minha sogra desaparecesse, então o meu marido retornaria para mim".

Certo dia, o desejo dela se tornou realidade quando a mãe do marido morreu. Mas essa jovem esposa logo descobriu que o seu marido ficou ainda mais dominado pela mãe após a sua morte, pois ele chorava por ela, falava incessantemente da mãe e ficava sempre relembrando as experiências que ele compartilhara com ela. Chegou a se recusar a sair da casa da mãe. Isso foi muito frustrante para a esposa, que esperava que ele saísse da casa.

Finalmente a jovem esposa soube da lei da cura pela libertação e falou palavras de libertação tanto para a mãe quanto para o filho. Para a mãe, no plano espiritual, ela disse: "Você, de forma total e de livre vontade, liberta o seu filho para esta vida terrena. Você o solta e o deixa ir. Você o deixa ir e deixa Deus guiá-lo em suas experiências novas". Para o marido, ela falou: "Você, de forma total e de livre vontade, liberta a sua mãe, você a solta e a deixa ir para o seu bem em outro lugar. Você a deixa ir e deixa Deus se manifestar em perfeita sintonia".

Aos poucos, esse homem retomou o comportamento e a vida normais, retornando, mais tarde, para a esposa.

Uma linda senhora era dominada pelo seu adorável marido até a morte dele. Sua saúde deficiente tinha exaurido os bens financeiros, e ele a deixou sem reservas, com muitas dívidas. Sua única esperança de recuperação financeira era a venda da linda casa que eles haviam compartilhado com felicidade durante muitos anos.

Imediatamente após a morte do marido, ela colocou a casa à venda no mercado, mas, durante meses, nada aconteceu. Finalmente uma amiga com boa intuição lhe disse: "O seu finado marido adorava essa casa. Provavelmente ele ainda não consegue libertar a posse dela, ou de você, embora ele esteja no plano espiritual. Você pode obter a libertação dele por meio da palavra falada".

A viúva diariamente começou a repetir ao marido falecido: "Você, de forma total e de livre vontade, me liberta. Você agora liberta esta casa, você a solta e a deixa ir. Você se deixa ir deste plano terrestre e faz a sua sintonia perfeita com o novo ambiente. Você está livre agora, e eu também".

A casa logo foi vendida, e as outras questões financeiras também foram resolvidas.

Nada de novo sobre a libertação

A lei da cura pela libertação vem sendo enfatizada e praticada de várias formas. Você já ouviu dizer que "a confissão faz bem à alma". Faz bem ao corpo também! A prática religiosa da confissão é uma excelente forma de libertação.

Até métodos muito menos sagrados de libertação têm poder de cura. Na sua autobiografia, Mark Twain faz um comentário sobre famoso médico que, antes da Guerra Civil, curou uma paciente ao deixá-la zangada. "Ela despejou nele toda a sua mente ofendida" e melhorou.

Sigmund Freud, o pai da psicanálise, com frequência, curava pacientes fazendo-os reviver conscientemente as experiências reprimidas do passado. Quando a antiga lembrança voltava à memória, o paciente geralmente descarregava fortes emoções, às vezes em lágrimas, às vezes com ressentimento, ódio ou amargura. Quando a emoção pendente era liberada, um tipo de catarse mental ocorria, e a saúde era restaurada ao paciente.

Ao aconselhar os outros, com frequência, eu acredito que, conforme a pessoa libera as emoções negativas pendentes, a sua mente se purifica e fica livre para ver a solução dos problemas.

O poder de cura pela libertação sobre os relacionamentos e as experiências antigas é enfatizado pelo filósofo americano Ralph Waldo Emerson em um de seus ensaios, intitulado *Compensação*: "Não podemos nos separar de nossos amigos. Não podemos aceitar que os anjos nos abandonem.

Não compreendemos que os anjos vão embora para que seja possível a chegada dos arcanjos."

Ele enfatiza que a libertação é parte necessária da lei do crescimento; essas mudanças operam uma revolução em nossas vidas por meio da qual nós banimos as circunstâncias mortas e os relacionamentos desgastados, para que circunstâncias novas "mais favoráveis ao crescimento do caráter" possam surgir.

A libertação é magnética

Na verdade, a libertação é magnética. Você nunca perde nada que é seu por direito divino pela ação da libertação. Em vez disso, você abre caminho para o seu próprio bem particular aparecer.

Certa vez, um destacado homem de negócios compartilhou comigo a sua fórmula especial de libertação. Ele carregava um cartão em que estavam impressas as afirmações abaixo. Diariamente ele as lia, dando a si mesmo, dessa forma, um tratamento de libertação. Ele atribuía muito de seu sucesso a esta fórmula:

Eu liberto a minha manutenção tensa de pessoas, locais, eventos e coisas. Eu liberto o que for. Não receio deixar partir as atitudes possessivas em relação aos meus entes queridos ou em relação às minhas posses, porque sei que aquilo que o homem liberta humanamente ele nunca perde, se for seu por direito divino. Apenas o que o homem tenta possuir, de forma tensa, foge de seus dedos fechados e lhe escapa. Aquilo que eu, de livre vontade, renunciar a Deus, nunca perderei. Aquilo ou algo melhor sempre me será dado pelo meu amado Pai. A libertação divina produz resultados perfeitos na saúde, riqueza e felicidade para mim e através de mim, agora.

Uma afirmação maravilhosa de cura pela libertação é:

Eu agora deixo ir tudo e todos do passado e do presente que tenham causado desconforto em mim, por mim, ou ao redor de mim. Todos nós nos libertamos para uma plenitude maior.

5.
A lei da cura pela afirmação

Ao ser questionado sobre a sua primeira ação caso se tornasse imperador da China, Confúcio respondeu: "Eu restabeleceria o significado preciso das palavras".

Ele sabia que as palavras têm o poder dinâmico de matar ou curar, devendo ser utilizadas com cautela. Todas as religiões, culturas e civilizações sempre entenderam e ensinaram que *a sua palavra é o seu poder*. Suas palavras sempre agem de uma das duas formas: *construindo ou despedaçando; curando ou destruindo*. Cada palavra que você emite sai de sua boca carregada com energia atômica. As palavras positivas estão carregadas de vida, saúde e vitalidade.

A corrente universal da vida no seu interior se sujeita às suas palavras. Cada palavra sua fica registrada em seu corpo, de maneira a se tornar sua carne. Você literalmente "ingere as suas palavras". Cada pensamento tem um poder peculiar todo seu. Cada palavra, ao ser pronunciada, vibra pelo corpo todo e movimenta cada célula e átomo de seu ser.

Seu corpo é muito semelhante a um gravador, que recebe obedientemente e emite fielmente os pensamentos insistentemente ali guardados. O corpo se compõe de pensamentos e está sujeito a eles, alimentando-se e expressando-se continuamente com o alimento mental que você fornece.

Os nervos são os fios condutores que levam a mensagem da mente a todas as partes do organismo. Já que todas as partes do corpo contêm células cerebrais, os nervos carregam as palavras emitidas até elas. Mencionar o nervosismo e a fraqueza produzirá sentimentos semelhantes no corpo. Falar sobre um estômago fraco fará o seu estômago ficar fraco. Falar de um fígado com problemas fixará essa ideia em seu fígado.

As conversas costumeiras entre as pessoas provocam saúde deficiente em vez de boa saúde, devido às palavras erradas. As palavras ligadas à doença desencadeiam uma força de desintegração que acabará por destruir o mais forte dos organismos, caso não sejam neutralizadas por palavras construtivas. As palavras destrutivas provocam males sem fim na mente, no corpo e nos relacionamentos. As pessoas que falam continuamente sobre doenças invariavelmente acabarão por experimentá-las.

As críticas contínuas produzem o reumatismo. As palavras críticas e desarmônicas provocam depósitos antinaturais no sangue que se sedimentam nas articulações. A falta de perdão é um motivo comum para os problemas de saúde. Enrijece as artérias e o fígado, e afeta a visão.

Quando uma palavra é dita, ocorre uma mudança química no corpo. Por isso, o corpo pode se renovar e até mesmo se transformar por meio da palavra pronunciada!

A repetição de qualquer palavra a fixa em nossa mente e se torna uma força em movimento dentro de nosso organismo. Assim é o poder da repetição das palavras positivas, repletas de vida, visando saúde e força.

A afirmação é o nosso poder do "sim" para a cura. "Afirmar" significa "tornar firme". Quaisquer que sejam as palavras que repita constantemente, você as torna firmes em sua mente e em seu corpo. Emerson percebeu isso ao escrever: "Toda opinião reage sobre aquele que a expressa".

Afirmar significa declarar positivamente, mesmo diante de todas as evidências em contrário que é assim que é. Por meio da afirmação, não se muda Deus, que é a bondade imutável. Por meio dela, você modifica o seu pensamento, para que possa aceitar a bondade imutável em qualquer forma que a ordene.

Conforme você afirma palavras de vida, de saúde, de força, está dizendo "sim" para a saúde, mesmo diante da doença. Depois, as suas palavras emitidas são registradas em seu corpo, e a saúde começa a se manifestar. Os grandes curadores da Antiguidade descobriram que a prática da fala deliberada de palavras construtivas os guiou com maior rapidez até o segredo da cura.

A afirmação cura a tuberculose

Myrtle Fillmore era esposa, mãe e ex-professora da religião metodista na cidade do Kansas que experimentou o poder curador da afirmação em sua própria vida. Muitos anos atrás, a senhora Fillmore descobriu estar com tuberculose, considerada uma doença incurável na época. Deram-lhe seis meses de vida.

Certa noite, na primavera, o marido a levou a uma palestra de metafísica. Por virem de uma religião tradicional, os Fillmore nada sabiam sobre o poder do pensamento para a cura, mas estavam desesperadamente dispostos a considerar qualquer técnica construtiva que pudesse restaurar a saúde.

Durante a palestra, o orador disse: "Você é filho de Deus, portanto não receberá a doença por herança". Essa ideia era algo eletrizante para a senhora Fillmore, que fora levada a acreditar que provavelmente herdara a tuberculose, mais uma razão pela qual nada poderia ser feito por ela. Ela descreve pessoalmente como foi curada por meio da afirmação:

"Fiz algo que me pareceu ser uma descoberta. Estava terrivelmente doente, tinha todas as doenças da mente e do corpo que poderia suportar. Tanto a medicina quanto os médicos deixaram de me proporcionar alívio e me encontrava desesperada quando encontrei o cristianismo prático. Eu o adotei e fui curada. A maior parte da cura se deve a mim mesma, pois buscava o entendimento para uso futuro. Foi assim que realizei aquilo que chamei de minha descoberta.

Estava pensando na vida. A vida se encontra em todo lugar — no verme e no homem. 'Então por que a vida no verme não produz um corpo como o de um homem?' — perguntei. Então, pensei: 'O verme não tem tanta percepção quanto o homem'. Ah! A inteligência, assim como a vida, é necessária para constituir um corpo. Eis a chave para a minha descoberta. A vida deve ser guiada pela inteligência para compor todas as formas. A mesma lei funciona para o meu corpo.

A vida é simplesmente uma forma de energia que necessita ser guiada e direcionada pela inteligência dentro do corpo humano. Como nos comunicamos com a inteligência? É claro que é por meio do pensamento e da fala. Então, em um lampejo, entendi que poderia falar com a vida presente em cada parte de meu corpo e fazer com que ela procedesse do jeito que eu quisesse. Comecei a ensinar o meu corpo e obtive resultados maravilhosos.

Para a vida presente em meu fígado, disse-lhe que ele não estava entorpecido nem inerte, mas repleto de vigor e energia. Falei à vida em meu estômago que ele não era fraco nem incapaz, mas intenso, forte e inteligente. Para a vida em meu abdômen, declarei que ele não estava mais infestado de pensamentos ignorantes sobre doenças, mas estava tomado pela energia doce, pura e completa de Deus. Disse aos meus membros que eles eram ativos e fortes.

Assim, fui passando por todos os centros vitais de

meu corpo e lhes disse palavras da Verdade — palavras de força e poder. Pedi que me perdoassem pelo caminho insensato e tolo que buscara no passado, quando os condenei e os chamei de fracos, ineficazes e doentes. Não me desencorajei pelo fato de eles demorarem a despertar, mas perseverei, tanto em silêncio quanto em voz alta, declarando palavras da Verdade, até que os órgãos responderam."

Imediatamente, a saúde dela melhorou. Em duas semanas, Myrtle Fillmore se restabeleceu completamente e viveu mais quarenta anos. Tornou-se uma famosa curadora espiritual e, mais tarde, foi cofundadora da igreja da Unidade, que se tornou um grande movimento em favor da cura.

Ela provou que a afirmação é o poder de Deus em ação. As afirmações são muito mais fortes que a coisa mais forte e visível no mundo, quando corretamente utilizadas. Ela provou que, através de palavras afirmativas, você reivindica e se apropria daquilo que é seu por direito divino, e as palavras carregadas de poder e inteligência aumentam com o uso. Os cientistas evidenciaram as suas ideias de que o corpo, assim como o universo, está repleto de inteligência.

Por meio das afirmações repletas de boas palavras e pela sua repetição contínua, conquistamos a atenção consciente de nossa inteligência inata, que já trabalha ativamente pelas funções subconscientes das células e órgãos de nosso organismo.

Conforme continuamos a proferir palavras positivas, essa inteligência inata acelera seu poder de resposta com resultados positivos. O corpo é um servo obediente e flexível da mente, moldado de acordo com os nossos pensamentos e as nossas palavras. Quando essas palavras são de melhoria, elas dão vida. Por meio de afirmações deliberadas sobre a saúde, podemos reivindicar e nos apossar da vida e da vitalidade que existem em nossa herança divina.

As experiências curadoras com afirmações da autora

Jamais esquecerei como fiquei radiante ao descobrir o poder curador das afirmações. A falta de saúde me afligiu desde a infância e eu concluíra que era uma daquelas experiências desagradáveis que teria de tolerar durante a vida toda. Pelo uso diário das afirmações, minha saúde deficiente crônica começou a melhorar. Finalmente, um problema muito sério de saúde desapareceu, embora nosso médico de família insistisse que apenas uma cirurgia poderia ajudar. Já se passaram muitos anos desde que comecei a usar as afirmações. Elas transformaram a minha saúde e a minha vida.

Podemos usar as afirmações não só para nos curar, mas também para ajudar outras pessoas. Nossas afirmações vão para onde as enviamos. Se você chamar o nome "John Brown", ele ouvirá no subconsciente, embora esteja a quilômetros de distância. Se disser repetidamente exatamente o que quer que ele saiba, ele responderá subconscientemente. Se as suas palavras forem construtivas, descrevendo sua vida, saúde e vitalidade inatas, ele vai se animar e se recuperar. Este método simples da oração afirmativa já é conhecido há muito tempo e praticado como "tratamento do ausente".

A oração afirmativa é uma das formas mais poderosas de oração que intercede por outros. Descobri isso pela primeira vez quando meu filho era pequeno e estava bem doente. Os remédios não traziam alívio. Ele estava com febre alta e não conseguia reter alimentos. Fiquei muito preocupada ao perceber que ele não melhorava e estava ficando cada vez mais fraco.

Naquela época, as circunstâncias não permitiam que eu mencionasse a oração afirmativa como um meio de cura para as pessoas ao meu redor. A sugestão teria sido considerada ridícula. Enquanto eu orava pedindo orientação, surgiu a ideia de deixar o meu filho sob o cuidado das pessoas presentes e me recolher para orar. Pareceu algo muito desumano para fazer, já que ele se mostrava agitado e indisposto. Eu sabia, entretanto, que meu amor humano não era suficiente para curá-lo.

Permaneci sozinha um dia, levando comigo a Bíblia e vários livros sobre a cura, nos quais li afirmações animadoras sobre o assunto e fiz repetidas afirmações repletas de saúde. No meio da tarde, tive a sensação de que a crise passara e meu filho ficaria bem. A partir daquele momento, simplesmente agradeci por sua cura. Naquela noite, quando entrei em minha casa, ele me chamou com a voz forte: "Mãe!" A febre se fora e ele se alimentara pela primeira vez em dias.

Outra experiência, do começo da minha ciência sobre o poder da cura pela afirmação, ocorreu quando eu visitava uma senhora idosa interessada na cura espiritual. Durante uma de minhas visitas semanais, eu estava resfriada e com tosse. Ela pareceu um pouco desapontada por eu não estar manifestando as ideias de cura que tentava lhe proporcionar durante as visitas. Na semana seguinte, hesitei em visitá-la, pois não demonstrava ter me curado do resfriado, apresentando uma tosse ainda pior. Como tive uma semana bastante atribulada, não me sobrou muito tempo para orar por minha própria cura.

Assim mesmo, enquanto ponderava se ia ou não visitá-la naquela semana, tive uma forte convicção de que deveria — com ou sem resfriado. Quando cheguei, ela ficou claramente desapontada ao me ver ainda padecendo. Porém, pouco se falou a respeito depois que começamos a discutir sobre um livro de cura.

Mais tarde, de acordo com a nossa prática, começamos a orar afirmativamente em voz alta. Ao iniciarmos nossas afirmações, não conseguia respirar livremente. As palavras saíam com grande esforço e desconforto, mas, quanto mais afirmações fazíamos, mais fácil se tornava a minha respiração. Finalmente, percebi que estava respirando livremente pela primeira vez nos últimos dias, e a minha garganta estava começando a ficar menos dolorida. À medida que continuamos as nossas orações afirmativas, senti uma corrente agradável de vida permeando meu corpo. Quando isso ocorreu, foi como se um fardo pesado tivesse sido retirado. E foi mesmo. Fui curada! Desnecessário dizer que o fato de essa amiga ter testemunhado a minha cura por afirmações fez muito mais pela sua fé em seu poder que todas as nossas discussões anteriores.

A afirmação ajuda uma nova "fase da vida"

Uma mulher que passava por uma nova "fase da vida" soube do poder protetor da afirmação diante de experiências perturbadoras. Certa noite, quando sentia fortes dores e não conseguia controlar as funções do corpo, ela afirmou repetidas vezes: "Agradeço que as forças da minha vida agora estão conservadas e controladas. Agradeço pelo ajuste ordenado de cada função de meu corpo. Estou fortalecida, renovada e curada". Dentro de pouco tempo, a dor se foi. A ordem foi restabelecida e mantida em seu corpo à medida que a experiência da menopausa foi completada sem mais decorrências.

O desaparecimento de uma dor de dente

Um homem de negócios sofria de uma dor de dente que não fora aliviada por tratamento com o dentista. Os medicamentos para aliviar a dor só lhe provocaram náuseas. Certo dia, sentindo muita dor, ele permaneceu em casa em vez de ir ao trabalho e decidiu tentar o poder curador da afirmação, sobre o qual ouvira recentemente. Declarou várias vezes sobre a dor e o inchaço: "Sou um radiante filho de Deus. Minha mente, corpo e negócios expressam agora a sua radiante perfeição". Com certeza, ele não se sentia nada radiante ao começar a afirmar as palavras, mas pouco a pouco começou a se sentir melhor.

Lá pelo meio da tarde, a dor tinha desaparecido por completo, e o inchaço estava diminuindo. Naquela noite, ele conseguiu descansar pela primeira vez após várias noites e retornou ao trabalho no dia seguinte, relaxado.

O abandono do cigarro

Um casal que sabia do poder de cura das afirmações decidiu usá-lo para combater o vício do fumo do marido, que afetava sua saúde. Decidiram que seria mais fácil para a sua mente subconsciente aceitar a sugestão de que ele não queria mais fumar, se aquela sugestão fosse dada impessoalmente por alguém que não fosse ele.

Todas as noites, ele se deitava e relaxava. Próximo a ele, a esposa se sentava em silêncio e afirmava: "Você não deseja mais fumar. Você perdeu todo o desejo pelo fumo. O fumo não o atrai mais. A compulsão pelo fumo desapareceu. Você não fuma mais. O gosto não é agradável e não o atrai". Após alguns dias apenas, sua vontade de fumar começou a diminuir. Depois de algumas semanas, ele perdeu todo o interesse pelo cigarro.

Uma ocorrência inesperada foi o fato de as afirmações feitas pela esposa ao marido terem funcionado para ela mesma! Ela logo descobriu que também perdera o desejo de fumar!

Um capitão de navio se cura do alcoolismo

Os gregos antigos acreditavam que a saúde era uma entidade que viria se fosse convocada. Há alguns anos, conheci um homem que provou essa teoria. Por meio de afirmações, ele se curou do alcoolismo depois de todos os métodos humanos terem falhado.

O homem era capitão de um navio e começara a beber durante as longas horas solitárias passadas no mar. Finalmente, ele percebeu que se tornara um alcoólatra. Sempre que o seu navio aportava, ele procurava ajuda para o problema. Embora conseguisse alívio temporário, nada que tentasse lhe propiciava a cura permanente.

Certo dia, a bordo do navio, ele encontrou uma revista que mencionava a oração afirmativa como uma maneira científica, prática e fácil de entrar em contato com Deus e Seu poder de cura. Em desespero, o capitão resolveu tentar.

Esse homem me contou que fez a sua mente começar a trabalhar a seu favor em vez de contra si mesmo, alimentando-a com afirmações fortes e declarações que reconheciam a presença e o poder da bondade divina em meio ao seu problema com bebidas. A primeira afirmação que começou a repetir diariamente foi: "Os alcoólatras podem ser curados!" A afirmação seguinte a ser repetida foi: "Estou sendo curado! Sim, é verdade. Agora mesmo, neste momento, Deus está me curando do desejo por bebidas fortes". Durante vários dias ele repetiu mentalmente essas afirmações. Mais tarde, ele adicionou o seguinte ao seu repertório:

Percebo que posso ser curado porque, com Deus, todas as coisas boas são possíveis. Sei também que Deus quer que eu seja curado porque sou seu filho e ele me ama. Na certeza de que estou sendo curado, entrego a minha vida e seus problemas para a mente onisciente de Deus. Não estou só sendo curado do desejo de tomar bebidas fortes, estou sendo libertado de toda a carga dos problemas de saúde, dificuldades financeiras, medos e ressentimentos. Estou me transformando por dentro e por fora! Estou feliz por meu compromisso de atingir e manter a sobriedade. Lanço-me agora em direção a um mundo novo com coragem, confiança e fé.

No devido tempo, esse homem passou da ideia de que poderia ser curado para a ideia de que fora curado:

Estou curado! Sim, graças a Deus, é verdade! Estou curado da vontade de tomar bebidas fortes. Estou feliz e emocionado por este novo modo de vida. Minha alegria é completa. O poder de Deus me sustenta e me protege contra toda tentação física e mental. A minha sobriedade está me rendendo enormes dividendos de saúde, riqueza e felicidade. O bem retorna para mim multiplicado milhares de vezes.

Na última fase de sua reabilitação através da oração afirmativa, ele declarou:

Nesta nova maneira de pensar e viver, não há dias de folga, não há dias tediosos. Cada hora de plenitude é também de alegre entusiasmo e aventura. Alcanço novos patamares a cada dia. Eu aceito isso, acredito nisso, agradeço a ti, querido Deus, por esta cura completa e permanente.

Quando conversei com esse homem, ele estava bem e feliz, e permanecera sóbrio por vários anos. Continuei a receber notícias dele durante sua vida toda, a cura foi completa. Com frequência ele ajudava os outros a usarem essa mesma técnica de cura.

Como as afirmações curaram outras pessoas

A cura por meio da oração afirmativa é lendária. Anos atrás, um jovem homem de negócios estava em coma, desenganado, num hospital em Nova York. Sua esposa estava à cabeceira, segurando um cartão que continha a *oração da fé*[6]. Daquele cartão, ela extraiu a afirmação para o seu marido:

Deus é a sua saúde, você não pode estar doente. Deus é a sua força, rápida e infalível.

O marido se recuperou, depois estudou teologia e, atualmente, atua como pastor da Unidade.

Certa vez, tive a oportunidade de estar presente em alguns cultos de cura que ocorriam no meio da semana

---

[6] Do original *The prayer of faith*, de H.M.Kohaus, impresso pela Unity School of Christianity.

numa bela e nova igreja, dedicada "ao ministério de cura de Jesus Cristo". Por meio desses cultos de cura, o pastor se tornara o canal para a melhora de muitas pessoas.

Esse pastor havia sido um homem de negócios, considerou tornar-se médico e chegou a frequentar cursos na área médica na faculdade. Filho de um quiroprático, sempre se interessou pela cura. Após um estudo minucioso da Bíblia, interessou-se pela cura espiritual e resolveu dedicar sua vida a isso.

Durante seus cultos de cura, ele constantemente afirma à congregação que a vontade de Deus para eles é alcançar a cura. Ele faz um sermão curto, com base em algum relato bíblico de cura. A congregação se junta a ele para cantar que afirmam a saúde. Ele ora afirmativamente por eles, como um grupo. Em seguida, convida-os a ir ao altar para receber uma bênção especial de cura. No altar, ele pratica o método bíblico de cura de imposição de mãos, orando por cada um individualmente. Seu conselho é: "Não espere que o Senhor faça tudo sozinho. Ore para Ele e então faça algo com fé".

O ato de fazer o esforço de chegar ao altar parece ser algo feito "com fé" que leva muitos à cura. É preciso conversar com aqueles que frequentam seus cultos para descobrir que seus métodos de cura funcionam.

Conversei com um homem de negócios cuja cura foi registrada em uma carta espontânea escrita por ele para esse pastor:

"Durante nove semanas, permaneci deitado em um leito de hospital, gravemente enfermo, tendo sofrido vários e sérios ataques do coração. Por meio de suas frequentes visitas, o senhor me ensinou a confiar em Deus para obter a minha cura. Quando os melhores médicos da cidade disseram à minha família que eles haviam feito tudo o que podiam por mim e apenas um milagre, fora do alcance da medicina, poderia salvar a minha vida, o senhor apareceu. O momento era muito crítico, eu estava tendo um ataque cardíaco e mal conseguia respirar.

O senhor impôs as mãos sobre mim e orou positivamente para que eu fosse curado. Conforme fazia isso, senti como se um ferro em brasa se movimentasse por meu braço esquerdo e atravessasse meu peito. Em seguida, fui capaz de respirar profundamente e com facilidade, conforme a dor começou a passar. Apenas três dias mais tarde, fui liberado do hospital!

Não me é possível colocar em palavras a mudança que aquela cura operou em meus pensamentos e em todo meu modo de vida. Não apenas eu fui abençoado, desde aquela época, por meio de seu auxílio, como outros membros de minha família foram curados de diversas moléstias. É meu desejo sincero que muitas outras pessoas sejam auxiliadas, tanto quanto a minha família e eu fomos, por termos conhecido e usado o poder da oração afirmativa."

Uma senhora estava no leito hospitalar, sofrendo de câncer hepático. Não havia esperança de que ela conseguisse sobreviver até a manhã seguinte. Conforme ela perdia e recobrava a consciência, conseguia ver a gola de um clérigo e sabia que esse mesmo pastor orava por ela. À medida que ele orava afirmativamente, confirmando que a vontade de Deus era a sua saúde e plenitude, a enferma relaxou, adormecendo pacífica e profundamente. No dia seguinte, quando o pastor retornou, encontrou-a sentada na sala de estar, relaxada e feliz. Houve uma cura.

A organista de uma igreja tinha um tumor, em um dos dedos, do tamanho de uma bola de gude. Meses a fio, ele não parava de crescer. Após um culto noturno de cura por afirmação, que ela buscara, orou: "Senhor, mostra-me o que devo fazer para obter a cura". No dia seguinte, enquanto se encaminhava de um quarto para o outro, sentiu uma dor aguda a partir da ponta dos dedos até o ombro. O tumor desaparecera.

Uma dona de casa estava presente no culto de seu pastor certa noite, após ter ferido a mão. Ela mal o viu e comentou com ele: "Prendi a mão na porta do carro hoje". Estendendo a mão em sua direção, pediu: "Cure-a". Tomando a mão, ele disse: "Está curada". De acordo com uma carta que ela mais tarde escreveria, a cura de fato ocorreu. Não sobraram unhas roxas, hematomas ou qualquer desconforto. Ela relatou: "Foi uma cura instantânea".

Um ensinamento antigo para usar nos dias de hoje

Desde os tempos antigos sabe-se que as palavras têm um poder ilimitado. Os homens primitivos usavam afirmações por encantamentos. Quando havia a necessidade da cura, o sacerdote curandeiro era chamado para proferir palavras de cura.

Os babilônios ensinavam que a palavra pode ser um comando ou uma promessa que se tornará realidade. As escrituras hindus contêm o ensinamento predominante de que a palavra é totalmente poderosa. Séculos a fio, os gregos ensinavam que a palavra é em si uma substância que contém um poder cósmico com o qual tudo se pode construir ou destruir.

As raças orientais há muito ensinam que, pela dinâmica do som, cada palavra emitida tem um poder tremendo e, por meio de certo arranjo de palavras — como as de afirmações de cura —, uma tremenda força vibratória pode ser estabelecida no invisível e afetar profundamente a substância física.

Os sacerdotes egípcios da Antiguidade, por meio de cânticos de afirmações, punham em movimento poderosas forças vibratórias que dissolviam as congestões no corpo e até mesmo auxiliavam a natureza na reconstrução de ossos quebrados ou órgãos exauridos. Os sacerdotes sabiam que, pelos cânticos de cura persistentes, eles estimulavam bastante os centros de consciência localizados no corpo e, dessa forma, provocavam deliberadamente a cura. Eles provavam constantemente que o poder da mente sobre o corpo é despertado e conclamado para a ação curativa pela afirmação.

As antigas escrituras egípcias, cuja história da criação se assemelha à nossa versão do Gênesis, enfatizam o poder da palavra. Suas escrituras afirmam que o mundo foi feito quando os deuses "o proferiram para a existência". Acreditavam que qualquer coisa que "flua de sua boca acontece" e "aquilo que diz passa a existir".

Nossa própria história da Gênesis enfatiza: "Deus disse: 'Faça-se'... e assim se fez" (Gênesis 1). A Bíblia Sagrada repetidamente assinala que a palavra dita pelo homem contém grande poder. O salmista disse: "Enviou-lhes a sua palavra e os curou" (Salmos 107: 20). O profeta Joel disse: "Diga o fraco: 'Eu sou forte'" (Joel 3: 10).

Salomão falava com frequência sobre o poder das palavras para matar ou curar: "A morte e a vida estão no poder da língua" (Provérbios 18: 21). "O que guarda a sua boca preserva a sua vida" (Provérbios 13: 3). "As palavras agradáveis são como favo de mel, doce para a alma e saúde para os ossos" (Provérbios 16: 24). "A língua dos sábios traz saúde" (Provérbios 12: 18).

Jesus fez tudo por meio de sua palavra: curou o enfermo, ergueu o morto, acalmou a tormenta, alimentou a multidão. Ele afirmou que tudo o que fez nós poderíamos fazer. O centurião reconheceu o poder de cura das palavras quando pediu a Jesus: "Dizei uma só palavra e meu servo há de ser curado" (Mateus 8: 8). As palavras ditas por Jesus para curar o servo foram: "'Vai-te e seja feito conforme a tua fé'. E naquela mesma hora, o servo foi curado" (Mateus 8: 13).

A cura pela palavra escrita

Os antigos chineses acreditavam que as palavras eram tão poderosas que nenhum papel que contivesse palavras escritas deveria ser destruído, mesmo quando não tivesse mais serventia.

Se, em certas ocasiões, você não tiver a privacidade necessária para fazer as suas afirmações, escreva-as em um papel. Existe algo sobre a palavra escrita que ultrapassa nossos medos e ansiedades e produz uma impressão indelével para o bem em nossa mente, propiciando resultados positivos. Escreva aquilo que gostaria que seu corpo fizesse e fosse. Leia as palavras de cura, repetindo de tempos em tempos. Quando for possível, leia-as em voz alta. Muito mais enfermidades seriam curadas se mais pessoas escrevessem suas ideias de cura e as lessem várias vezes em privacidade. Por meio das afirmações escritas, pode-se conseguir muito em silêncio.

A fórmula para obter saúde

Na Índia é tanto uma lenda quanto uma tradição que a palavra cantada ou falada tem mais poder e influência que qualquer coisa existente.

Alguns metafísicos modernos concordariam, já que afirmam que a palavra falada ou cantada é 80% mais poderosa que a palavra "dita" em silêncio.

Um pastor da Igreja Protestante, conhecido como o "psiquiatra dos pobres" de sua cidade, devido ao seu tremendo sucesso como conselheiro pastoral, certa vez me contou que durante muitos anos estudou e experimentou todas as técnicas de cura defendidas pela psicologia moderna. Após testar cada método, incluindo a "análise profunda", usada pelos psicanalistas, o popular pastor descobriu que a simples técnica da afirmação positiva era muito mais eficiente e rápida na cura daqueles que vinham até ele com seus problemas. Sua descoberta do poder de cura da afirmação possibilitou que ele visse muito mais pessoas e lhes apresentasse as afirmações, de modo que eles pudessem iniciar imediatamente a autoajuda. Seu sucesso fenomenal propiciou um tremendo tributo ao poder de cura da palavra falada.

Uma fórmula simples para invocar a cura pela afirmação é a seguinte:

Escolha uma afirmação que expresse vida, saúde, plenitude e a proclame repetidas vezes. Essa afirmação pode ser uma promessa bíblica ou qualquer outra afirmação de cura que lhe agrade. Não importa que no início você não acredite na afirmação ou não perceba de que modo ela pode vir a se realizar. Se persistir em afirmá-la de qualquer maneira, embora lhe pareça difícil aceitar mentalmente, descobrirá que suas afirmações têm poder. Afirme diariamente e afirme novamente. Suas afirmações perseverantes vão elevar seu pensamento consciente que, por sua vez, modificará a natureza de seu sentimento subconsciente. Já que o subconsciente controla o corpo conforme ele se modifica, da mesma forma, ele modifica o corpo.

À medida que você estudar os próximos capítulos que descrevem os vários tipos de afirmações especialmente poderosas para a cura, com certeza encontrará o tipo mais adequado para você. Enquanto isso, pode começar invocando a lei da cura do "SIM", afirmando:

A partir de agora, que haja saúde em minha mente, em meu corpo e plenitude em minha vida.

A lei da cura pelo louvor

Expressar louvor agradecendo, demonstrando gratidão e alegria está entre as formas mais poderosas de afirmação.

Se você esperar ser curado para depois expressar sua gratidão, poderá esperar indefinidamente! Um dos maiores segredos da cura é louvar e dar graças por ela ainda diante da doença, antes que haja qualquer coisa pelo que agradecer!

O motivo pelo qual o louvor é tão poderoso para a cura é o seguinte: aquilo que você elogia aumenta. O louvor libera e liberta a força vital encerrada nos átomos de seu corpo.

As palavras que expressam gratidão, louvor e agradecimento liberam certas energias poderosas de sua mente e corpo que, de outro modo, estariam contidas. O louvor libera ainda as essências mais finas da alma necessárias para a cura completa. Ao louvar e dar graças, você ativa os poderes dinâmicos das fases do subconsciente e do supraconsciente do seu ser, que agem rapidamente para a melhora da saúde.

Você pode louvar da fraqueza para a fortaleza, da ignorância para a inteligência, da pobreza para a abundância, da doença para a saúde.

A primeira vez que me tornei consciente do quase inacreditável poder do louvor foi pela leitura de um testemunho escrito por uma dona de casa:

Com certeza, ninguém sabe melhor da potência do louvor que eu. Antes de compreender isso, eu era uma pessoa que reclamava cronicamente, e toda a atmosfera ao meu redor era sobrecarregada pelo fato de eu estar sempre procurando erros e reclamar. O louvor eliminou a dor do meu corpo e os problemas da minha mente. Desde que adotei o método do louvor, operou-se uma grande mudança em todo o meu lar, especialmente na ajuda doméstica e nas crianças.

Como o louvor cura

É possível que o louvor constante provoque uma mudança completa na saúde e na aparência de alguém.

Não se pode deixar de experimentar a melhora da saúde, se seus pensamentos e suas palavras estiverem repletos de elogios, jamais produzindo a reprovação. Plínio, o estadista romano, escreveu que algumas pessoas são cheias de saúde em consequência de palavras repletas de louvor. Durante séculos, a humanidade foi pressionada tanto pelos filósofos hebreus quanto pelos hindus a invocar o poderoso poder do louvor. Você abre o caminho para as grandes demonstrações por meio do louvor e da ação de graças.

Uma mulher frustrada tinha sérios problemas mentais e físicos e se alongava a respeito de seus problemas. Ela falava continuamente sobre suas dores e problemas, e eles se multiplicavam. Ela comprovou que, se damos atenção às coisas, elas aumentam.

Após ter deixado todos os médicos que tentavam curá-la desesperados, ela finalmente buscou a cura espiritual. Enquanto ouvia a longa lista das aflições da mulher, o conselheiro espiritual decidiu que, além de tudo que essa senhora reclamava, ela também tinha uma doença ignorada por ela: era hipocondríaca.

Finalmente, o conselheiro a interrompeu: "Agora que a senhora me disse tudo que está errado com a senhora, diga-me algo que esteja certo com a senhora".

Quase zangada, a mulher doente declarou que não havia nada de bom com a saúde dela. O conselheiro insistiu: "Deve haver. A senhora consegue andar, falar, ver, ouvir, perceber gostos e cheiros. Não está acamada nem paralisada. A senhora desfruta de alguma saúde, ou não estaria aqui".

Com relutância, a mulher concordou que *havia* uma coisa que estava bem em sua saúde: seu dedo mindinho era perfeito!

O conselheiro disse a essa mulher resmungona para voltar para casa e, durante três dias, concentrar-se na perfeição daquele dedinho, elogiar a sua saúde, agradecer a Deus por sua vida e plenitude e se recusar a falar de seus males.

Três dias depois, a mulher retornou. Dessa vez, admitiu, com relutância, que a saúde tinha melhorado. Não apenas não havia nada de errado com o seu dedinho, mas agora a mão direita inteira estava bem! Novamente ela foi enviada para casa para louvar a saúde melhorada que tinha encontrado.

Conforme o conselheiro continuava a auxiliá-la, a mulher finalmente concordou que estava completamente curada.

Quando estiver tentado a recitar os seus males, lembre-se dessa senhora. Encontre algo que possa elogiar. Agradeça por isso e a sua saúde vai melhorar. Comece pela afirmação:

Bendita seja a força que eu tenho; agradeço pela saúde que tenho; glorifico a vida que tenho; e que Deus agora a aumente!

O falecido doutor Ernest Holmes, de Los Angeles, fundador da Ciência da Mente,[7] cuja filosofia curou inúmeras pessoas, certa vez relatou uma experiência sobre o poder de cura do louvor. Ele encontrou uma mulher saudável, com

---

7   *Religious Science* [Ciência Religiosa], também conhecida como Ciência da Mente, foi fundada em 1927 por Ernest Holmes (1887-1960); trata-se de um movimento religioso, espiritual, metafísico e filosófico, dentro do Novo Pensamento.

vitalidade, de 60 anos, que lhe disse que apenas um ano atrás, aos 59 anos, tinha sido uma deficiente sem esperança, sofrendo de artrite dolorosa.

Quando o doutor Holmes perguntou-lhe o segredo da cura, ela respondeu: "Decidi que há um princípio inteligente em toda a parte do universo que flui através de mim e ao qual eu posso me dirigir. Comecei a elogiar e a dizer a cada articulação de meu corpo o que eu queria que ela fizesse e como eu a achava maravilhosa". No decorrer de um ano, ela tinha sido curada completamente.

O famoso metafísico japonês, doutor Masaharu Taniguchi, foi especialmente bem-sucedido na cura do câncer. Em seu livro, *Você pode curar a si mesmo*,[8] ele revela seu segredo: "Essas ideias de 'Me perdoe' e 'Obrigado' curam todas as doenças". Ele explica que o ato de dar graças neutraliza o estresse e leva à cura da doença.

As pessoas do Oriente sabem, há muito tempo, do poder de cura do louvor e do agradecimento. Há muitos anos, um jovem japonês desenvolveu tuberculose, considerada uma doença temível como o câncer nos nossos dias.

Quando soube do poder de cura do louvor, ele percebeu que suas palavras anteriores de crítica, reclamação e de encontrar defeitos nos outros, sem dúvida, tinham ajudado a trazer aquela condição. Embora fosse difícil parar de reclamar, ele propositadamente se forçou a fazer exatamente o oposto e começou a elogiar tudo e todos.

No início, a tuberculose pareceu piorar (veja o capítulo 12 sobre *quimicalização*). Ele ignorou o fato e continuou a elogiar tudo e todos. Certa noite, quando ele sentia como se estivesse dando sua última respiração, continuou a louvar seu corpo com perfeita saúde.

De repente, sua respiração ficou mais profunda e eletrizada, depois ele conseguiu se endireitar e respirar com

---

8   Editora Seicho-No-Ie, São Paulo, 2005.

facilidade. Foi uma *cura instantânea*. As notícias se espalharam rapidamente e, quando ele invocou o poder do louvor para os outros, ele se tornou um curador espiritual.

O poder de cura pelo canto e pela risada

O louvor e o ato de agradecer abrem os caminhos para restaurar a saúde quando nada mais ajuda. De fato, muitos provaram que você não precisa de mais nada para experimentar a cura se conhecer a lei do louvor e do agradecimento.

Uma senhora de meia-idade quebrou o pulso de tal forma, que foi necessário inserir uma placa de metal para ajudar na reconstituição. Quando o médico engessou o pulso, ele informou que, quando tivesse curado, o pulso ficaria tão rígido que ela não conseguiria movimentá-lo, e ela deveria "se conformar" com aquela condição para sempre.

Em vez de aceitar o diagnóstico, essa senhora escreveu uma pequena canção de agradecimento, que cantou diariamente: "Obrigada, Deus, pelo meu braço perfeito, agradeço a você, Deus. Obrigada, Deus, pela cura perfeita, obrigada, Deus. Obrigada, Deus, pela dor, obrigada, Deus. Obrigada, Deus, pela perfeição. Este é o meu refrão, obrigada, Deus".

Quando o gesso foi retirado, doze semanas depois, ela imediatamente movimentou o pulso, sem dor ou sequelas estranhas. O médico afirmou que aquilo não era possível em termos médicos, mas ela havia conseguido. Quando essa senhora já tinha passado da meia-idade, depois de muito tempo ela ainda movimentava o pulso facilmente, sem o mínimo desconforto.

Em seu livro, *What are you?*, Imelda Shanklin relata a história de um jovem que saiu correndo de uma casa em chamas, com as roupas pegando fogo. Enquanto corria, ele arrancou a roupa. Depois de ser levado, cambaleante, ao hospital, ele recebeu ótimo atendimento. Os médicos, no entanto, disseram que ele não se recuperaria das queimaduras que atingiram mais da metade de seu corpo.

Na cama, coberto de ataduras, sofrendo, o jovem começou a cantar. Os enfermeiros disseram que ele estava se reanimando para a transição. Ele continuou a cantar. Então, disseram que o canto era uma expressão do delírio provocado pelo sofrimento. Ele prosseguiu cantando. Disseram ainda que o canto era um efeito dos medicamentos prescritos. Mesmo assim, o jovem cantava, enquanto se recuperava. Mais tarde, a sua explicação para a cura foi: "Quando saí de casa com as roupas em chamas, estava determinado a viver. Sabia que, se conseguisse manter os pensamentos focados na vida e continuasse a cantar, eu me recuperaria". Charles Fillmore explicou em seu livro, *Jesus Christ Heals*: "Todos os sistemas de cura reconhecem a alegria como um fator benéfico na recuperação da saúde dos doentes". Um velho médico do campo costumava contar como ele curou uma mulher com um cisto enorme ao lhe contar uma história engraçada, da qual ela riu tanto que o caroço se soltou e desapareceu. A mente prega peças nos nervos de formas que vão além da possibilidade de compreensão. Um pensamento temeroso até cessa o fluxo de vida em algum centro nervoso profundamente arraigado no corpo, formando um núcleo, onde outros medos podem se acumular e finalmente congestionar o sangue designado para alguma função importante. O impacto da energia de algum modo é necessário para romper a represa.

Há vários métodos para eliminar o medo da mente e prevenir a congestão no corpo. Uma das coisas que mais abalam o medo é a risada. Ria e espante os medos. Veja como são ridículos quando se descobrem as suas origens.

É inquestionável que há uma relação íntima entre a felicidade e a saúde. Cantar promove a saúde por aumentar a circulação, e a boa circulação é sinal e promotora da boa saúde. Se a corrente sanguínea nunca ficasse congestionada, e todos os nervos e poros ficassem abertos, executando livre e rapidamente o trabalho designado, nunca haveria um crescimento falso ou anormal no organismo. Tudo se seguiria de forma lógica, então, se cultivássemos essas atividades da mente que estimulam naturalmente as cadeias vitais em nosso corpo. Uma delas, muito importante, é a alegria.

Uma senhora com tendência a surtos de depressão controlou-os ao se obrigar a cantar músicas alegres e vigorosas e a tocar peças animadas ao piano.

Outra mulher vinha experimentando grande tristeza na vida, vítima de desânimo e insônia. Finalmente, o médico lhe informou que ela deveria superar a falta de estímulo que afetava a sua saúde. Para combatê-la, aconselhou-a a rir, pelo menos três vezes ao dia, mesmo que não estivesse muito disposta.

Embora parecesse um conselho ridículo, ela se retirava para o quarto três vezes ao dia com o único propósito de rir e ficar alegre. Logo, ela estava com ótima saúde novamente, e a antiga vida tristonha foi substituída por experiências novas e felizes.

Um homem de negócios queria parar de fumar, pois isso estava afetando a sua garganta. Ele tinha tentado de tudo. Finalmente um amigo sugeriu que ele tocasse e cantasse ao piano algumas músicas alegres e otimistas, várias vezes, todos os dias. Foi o que ele fez, e a compulsão por cigarro desapareceu. Durante o processo, ele também recuperou a excelente e treinada voz que já fora usada profissionalmente. A cura por meio da canção é uma forma poderosa de afirmação, uma vez que a vibração da cura é intensificada em até 80%.

Rir é o melhor remédio

Se as pessoas soubessem do poder de cura da risada e da alegria, muitos dos nossos excelentes médicos deixariam de ter função. A alegria é um dos melhores remédios da natureza. A alegria é sempre saudável. Um estado mental agradável tende a trazer condições anormais de volta à normalidade. As pessoas que se mantêm em harmonia mental e física pela risada, simpatia e alegria geralmente vivem mais tempo e são mais saudáveis que as que levam as coisas e a si muito a sério.

Muitas doenças surgem da falta de expressão da alegria.

Quando sentir que não tem mais forças, insista em praticar o sorriso. Sorria para as gravuras na parede. Sorria para a mobília. Sorria até a tensão deixar o seu corpo e você se sentir relaxado novamente.

Certa vez, um médico declarou que a diversão é um alimento necessário ao organismo tanto quanto o pão e a água.

Uma revolução completa ocorre em seu ser físico e mental quando você ri e se diverte.

Muitas pessoas estragam a saúde mental, emocional e física por esquecerem a importância de rir e de ser agradável.

A gratidão cura o ressentimento

Muitas doenças físicas e, com certeza, a maioria dos males mentais são devidos, consciente ou inconscientemente, a sentimentos de ressentimento. *Não se pode estar agradecido e ressentido ao mesmo tempo.* Quando perceber o ressentimento tomando conta de você por causa de alguma mágoa ou desapontamento, propositadamente, mude a direção de seus sentimentos ao pensar em algo pelo qual você é grato. Ao fazê-lo, você sentirá que poderá ser grato pela experiência que anteriormente o deixou ressentido, uma vez que o ressentimento finalmente o fez cultivar aquele estado de mente prazeroso e agradecido.

Pratique o louvor a seus problemas, constrangimentos e experiências difíceis. Qualquer experiência que o leve a um grau mais profundo de bondade deve ser elogiado.

Toda dor, todo desapontamento e todas as experiências difíceis tentam levá-lo a um entendimento maior que, por sua vez, o levará para uma vida melhor. Portanto, as suas experiências difíceis podem ser elogiadas. São bênçãos disfarçadas. De acordo com um místico do século 15, existe a radiância, a glória, brilhando além das experiências enevoadas, se nos esforçarmos para vislumbrá-la.

A fórmula de uma dona de casa lidar com as experiências negativas é esta: "Aprendi que sempre posso recorrer ao ato de dar graças com bons resultados. Independentemente da situação, as palavras 'obrigada, Deus' abrem o caminho para uma vida melhor. A saúde, a prosperidade e a paz surgem quando se começa a agradecer a Deus diante de más experiências".

O louvor traz a vitória

Durante a árdua caminhada dos hebreus pelo deserto foi mostrado a eles que os sofrimentos e as aflições aconteciam, não por causa da vontade de Deus, mas porque eles tinham desobedecido à lei do louvor: "Todas essas maldições retornarão sobre ti, e te perseguirão e alcançarão... Pois não servistes ao Senhor teu Deus com alegria e bondade de coração, pela abundância de tudo" (Deuteronômios 28: 15-47).

O fato de os hebreus terem atendido a esse conselho e se voltado à lei do louvor é evidenciado por suas vitórias posteriores. A partir da época de Josué, o Velho Testamento está repleto de exemplos em que os hebreus seguiram em pequeno número para se confrontar com um inimigo poderoso em batalhas e foram vitoriosos.[9] Quando enfrentou o inimigo, hóspede dos moabitas e dos amonitas, Josafá indicou cantores para irem adiante de seus soldados, executando cânticos de louvor e de agradecimento. Foram vencedores (2 Crônicas 20: 20-28). "Louvo a ti, Senhor" era o constante refrão do salmista que, em determinado ponto, fez os votos: "Sete vezes ao dia eu te louvo" (Salmos 119: 164).

Os antigos acreditavam que uma pessoa cantando e falando palavras de louvor tinha mais poder que dez pessoas

---
9   Veja os livros da autora, *The millionaire Moses* e *The millionaire Joshua*.

que não o fizessem. Os hebreus comprovaram. O louvor foi seu método predileto de prece. No Velho Testamento, a prece na forma de "reverência" aparece apenas três vezes; a prece como "pedido", "súplica" ou "rogo" aparece apenas cinco vezes; a oração como "meditação" é usada apenas duas vezes. Mas a outra expressão traduzida 66 vezes como prece é: "cante e dance em louvor ao Senhor pelas coisas que Ele lhe oferece". Para os hebreus, a prece era uma manifestação na canção, na dança e no louvor!

O poder ativador do louvor

Certa vez, uma mulher desanimada viu uma pequena placa em que se lia: "Louve o Senhor, apesar de tudo". Ela começou a usar aquelas palavras como afirmação diária. Mais tarde, ela disse: "Quando eu me lembro de praticar a lei do louvor, magicamente as coisas desagradáveis desaparecem. Se tenho dificuldade de dormir à noite, repito as palavras de louvor, e a próxima coisa de que me lembro é da manhã, e eu me sinto bem descansada. Se eu sinto a dor e posso relembrar o louvor ao Senhor, de qualquer forma, é surpreendente como me sinto melhor tão rápido. O que acontece com a dor? Como posso saber? Estou ocupada demais proferindo palavras de louvor, para saber quando ela desapareceu".

O louvor e o agradecimento ativam a vida nas células do corpo, liberando grandes quantidades de energia e restaurando a plenitude.

Uma secretária, durante vinte anos, sofria de dor constante, vinda de um problema crônico de saúde, mesmo tendo buscado vários tipos de ajuda, em vão. Ao fim de uma tarde, ela caminhava vagarosamente sobre uma ponte comprida que lhe proporcionou uma bela visão do pôr do sol; enquanto ela silenciosamente se maravilhava com a paisagem gloriosa, ela foi tomada por um sentimento de alegria e, de repente, a dor torturante de vinte anos havia se passado. Foi uma cura completa.

Sempre há algo que você possa louvar. Ao fazê-lo, o seu próprio bem se multiplica.

Talvez você já tenha ouvido a história do menininho que acreditava em restaurar pelo poder do louvor. Certo dia, ele chegou em casa, da escola, conduzindo um cachorro de rua, que ele mostrou à mãe, com orgulho. Mas ela não se impressionou e disse:

— Onde você encontrou esse vira-lata tão horroroso?

— Ele não é horroroso. É um cachorro maravilhoso! — o filho respondeu.

— Esse cão sarnento, coalhado de pulgas? Por quê, filho? Ele mal consegue ficar em pé.

— Verdade, mas, mãe, veja como ele balança o rabo tão bem.

Uma mãe tinha apenas um filho, que começou a beber muito. Durante meses, ela orou: "Meu Deus, salve o meu menino da destruição, do pecado e da morte". Mas nada acontecia. Finalmente essa mãe parou de suplicar a Deus para salvar o filho e disse a si mesma: "Em vez disso, vou agradecer".

Ela não disse nenhuma palavra de reprovação ao filho, nem disse que orava por ele. Mesmo ele continuando a beber, ela prosseguiu, dando graças pela sua cura. Após algumas semanas sem mudança aparente, certa noite o filho voltou para casa e disse: "Mãe, estou cansado de viver este tipo de vida. Vou parar de ser um bêbado e começar a ser um homem". E assim foi.

Jesus usou essa técnica de cura para erguer Lázaro dentre os mortos. Seu primeiro ato foi o de agradecer: "Senhor, graças dou por ter me ouvido. Bem sei que sempre me ouve" (João 11: 41-42).

O louvor cura o bolso vazio

Um bolso vazio também responde à lei da cura pelo louvor e agradecimento.

Às vezes, as pessoas se esquecem de agradecer e de se sentirem gratas até as coisas ficarem ruins para elas. Todos nós passamos por dificuldades ao negligenciarmos "o comportamento da gratidão". Se estiver passando por problemas financeiros, provavelmente é porque você foi mal-agradecido ou cínico. Não há nada que esvazie o seu bolso e a conta bancária mais rápido que o estado de espírito cínico e mal-agradecido. Há um velho provérbio: "Os mal-agradecidos nunca escapam".

Se houver alguns desafios na sua vida que não foi possível superar, verifique o seu comportamento para ver se você não se tornou uma pessoa mal-agradecida. Enquanto permanecer cínico, nunca escapará desses desafios. Eles apenas vão se multiplicar. Ao contrário, quando você renunciar à amargura e ao ressentimento, invocando o poderoso poder do louvor, a sua recompensa aumentará.

Uma mulher de negócios recentemente provou isso. Ela vinha tendo despesas adicionais e, além dos pagamentos das contas habituais, acumulava mais dívidas. Não havia dinheiro suficiente para ela.

Mesmo afirmando várias vezes que haveria suprimento adequado, nada acontecia. Então ela percebeu que tinha se tornado cínica, criticando as contas e condenando a sua falta de capacidade para pagá-las. Ela também criticava as circunstâncias inesperadas que a tinham levado às despesas extras. Além disso, ela chegou a condenar seus canais costumeiros de suprimento, dizendo que eram insuficientes. Depois dessas palavras fortes, seus suprimentos literalmente "secaram", e a prosperidade vinha evitando dar qualquer ajuda.

Agora, percebendo o engano, ela entrou em uma sala sozinha e começou, privativamente, a dizer palavras de louvor. Pegando as contas em suas mãos, ela afirmou:

Eu as louvo como a criação perfeita da divina recompensa, agora.

Penduradas no guarda-roupa, havia roupas que ela ainda não tinha pagado. Colocando as mãos sobre elas, ela falou: "Eu as louvo como a criação perfeita da divina recompensa, agora".

Ela estava em débito com as contas de água e de luz; foi até o abajur da mesa, ligou-o e, colocando a mão sobre a lâmpada quente, prosseguiu: "Eu a louvo como a criação perfeita da divina recompensa, agora". Em seguida, abriu a torneira e, deixando a água correr sobre a mão, repetiu a mesma afirmação. Depois, ela foi até a geladeira, quase vazia, abriu-a e usou a mesma afirmação. Colocando as mãos sobre as prateleiras vazias da despensa, ela repetiu a ação. Como o aluguel também estava em aberto, ela colocou as mãos nas paredes da casa e novamente fez a afirmação. Pegando a carteira e o talão de cheques nas mãos, ela afirmou a recompensa divina para eles também.

Pelo menos por uma hora, ela repetiu as declarações de louvor para cada fase de seu mundo financeiro. Um sentimento prazeroso de alegria e expectativa pelo bem veio até ela.

Em uma outra hora, o telefone tocou. Era uma ligação de outra cidade, a pessoa lhe oferecia um trabalho especial que ela deveria fazer imediatamente. O serviço não interferia no seu emprego normal e, devido à necessidade de execução urgente, ela lhe pagaria o equivalente a um mês de salário do emprego normal! Com o salário duplicado repentinamente, ela conseguiu quitar as dívidas financeiras.

Com louvor e agradecimento, todos os obstáculos podem ser superados.

Ela o provou.

A crítica é o louvor ao negativo

Você não tem ideia de como a doença e o sofrimento são provocados na vida de uma pessoa que enfatiza os enganos dela e os de outros. Certa vez, conheci um homem que tivera duas curas espirituais maravilhosas. Uma ocorreu anos atrás, em uma época em que estivera hospitalizado, desesperado, doente de câncer. Um curador espiritual veio até o hospital, colocou a Bíblia Sagrada sobre o corpo do homem e orou por ele. O câncer desapareceu e ele retomou a vida normalmente.

Trinta anos depois, ficou doente novamente, dessa vez, com artrite "incurável" e extremamente dolorida. Com grande esforço, ele conseguiu chegar até um culto de cura conduzido por um famoso curador espiritual. Quando este pediu àqueles no auditório que buscavam a saúde para se levantarem, o homem, quase sem poder andar, pelejou para conseguir se erguer. Depois de muita dor, ele conseguiu ficar em pé, seguiu o conselho do curador e orou por um homem em pé ao lado dele, que também buscava a cura.

Após o culto de cura de duas horas ter terminado, esse homem de negócios percebeu que a dor nas articulações tinha diminuído. Ele tinha marcado uma consulta fora da cidade para um tratamento especial para a artrite. No dia seguinte, ele se sentia tão melhor que permaneceu em casa. Alguns dias depois, percebeu que a dor que tinha sofrido por tantos anos havia desaparecido completamente.

Testemunhei a cura desse homem nesse culto especial. Na semana seguinte, enquanto me informava da sua melhora, ele me deu a indicação lógica do motivo de ele ter sofrido tanto durante os anos, apesar da cura anterior. Ele criticava tudo e todos, mesmo após essa segunda cura maravilhosa, ele ainda se ocupava, com todas as forças, em criticar o que ele considerava o mau desempenho dos outros.

O reconhecimento é uma forma de louvor. A descrição é uma forma de louvor. Descrever e enfatizar o que não gosta aumenta a sua importância e lhe dá o poder negativo, que age contra você. Devido ao comportamento crítico, eu me questiono se esse homem conseguiu manter a sua segunda cura espiritual por mais tempo que a primeira.

A cura permanente pode demorar

Às vezes, os curadores espirituais são criticados porque aqueles que recebem a sua ajuda não se mantêm curados. Não é culpa do curador. Receber a cura é uma coisa, mantê-la é bem diferente. Muito depende das atitudes mentais do ser que está sendo curado.

Como o comportamento mental é tão importante para a saúde permanente, com frequência uma cura que demora mais tempo para ser obtida pode ser mais desejável. Por meio de persistentes orações e estudos espirituais, as atitudes de ódio, medo, condenação, culpa, perdão e ingratidão dos doentes são eliminadas gradualmente de suas mentes e de seus corpos. Apenas quando isso acontece, a cura permanente é possível.

Certa vez, uma senhora foi curada por meio de estudos espirituais e preces. Porém, devido a isso, ela se tornou arrogante e muito convencida, e a antiga doença voltou. Quando houve a recaída, ela tentou usar preces de negação e de afirmação, em vão. Leu livros espirituais e publicações, tentando encontrar a resposta, mas a dor ainda persistia.

Certo dia, enquanto ela se incumbia de afirmações de cura, a dor ficou ainda mais intensa. De repente, em meio à dor insuportável, surgiu o pensamento na mente de que *essa dor era boa*. Sem a dor, ela nunca teria chegado a um entendimento espiritual tão profundo. Com essa percepção, um sentimento de profunda gratidão a consumiu. No seu êxtase, ela se esqueceu da dor. Pouco mais tarde, ela percebeu que a dor fora embora. A ação de graças a tinha restabelecido.

Ao buscar métodos de cura mentais e espirituais, se a sua cura levar mais tempo que você esperava, tudo bem! Uma cura mais profunda que você imagina pode estar se operando. Ela será mais permanente e duradoura que uma cura instantânea. Embora, diante de uma aparente lentidão no processo, você poderá ser agraciado com uma cura mais intensa. A sua gratidão ajudará a acelerar a cura, e também ajudará a mantê-la!

Nunca subestime o poder do louvor. Ele não só é a chave mestra para a vida, mas também um dos melhores antídotos contra os males do mundo. Comece por ficar grato silenciosamente, sentir-se profundamente agradecido, louvar a partir do momento em que abrir os olhos de manhã até fechá-los à noite. Essa prática vai curar não só um corpo enfermo, mas também uma mente doente, relacionamentos doentios ou problemas financeiros.

7.
A lei da cura pelo amor

Bem no início da minha prática como religiosa, descobri que, com frequência, um tipo de afirmação trazia curas físicas e emocionais quando nada mais adiantava. Esse tipo de afirmação expressava o amor divino.

Geralmente, a doença se origina de uma violação da lei do amor. Os pensamentos de ódio geram um veneno no corpo que, se não for neutralizado, pode até levar à morte. O amor purifica a mente e o organismo desses ódios, que se acumulam na forma de ressentimento, crítica, tristeza, remorso, culpa, raiva e ciúmes. As afirmações de amor mudam esses pensamentos que podem levar à morte em pensamentos que instigam a vida. As afirmações de amor trazem paz à mente e ao corpo.

O amor tem sido descrito como o "médico universal", por ter o poder de curar todas as doenças, quando invocado silenciosamente ou por afirmação oral.

O amor é totalmente poderoso porque os pensamentos de amor harmonizam a mente.

O amor também desperta. A ênfase na expressão

"amor divino" desperta uma corrente positiva no corpo que destruirá os pensamentos de ódio, que estão em oposição, dominando-os e anulando totalmente a sua destruição no corpo. O amor remove todos os pensamentos destrutivos e equilibra todas as coisas em um todo harmonioso. Por meio do cultivo permanente do amor, um homem pode mudar a sua crença e reconstruir o seu corpo, célula a célula.

Emmet Fox descreveu o poder de cura do amor no seu livro *O poder do pensamento construtivo:*

"Não há dificuldade que bastante amor não conquiste. Não há doença que amor suficiente não cure... Não faz diferença se o problema estiver sedimentado. Não faz diferença o quanto a previsão possa ser negativa... Uma percepção suficiente do amor os dissipará completamente".[10]

O doutor Fox explica que, a menos que você construa dentro de si uma consciência do amor, todas as suas outras atividades serão mais ou menos fúteis; enquanto ao desenvolver uma consciência de amor em relação a tudo, todas as coisas se encaixarão para o melhor.[11]

Ele avalia que muitas pessoas descobriram coisas verdadeiramente notáveis em suas vidas apenas com poucos dias de trabalho especial em relação ao amor. Todos os tipos de dificuldades pessoais simplesmente desapareceram. Conforme os meses se passaram, os seus rostos, às vezes, alteraram-se de uma forma notável, já que, geralmente, o organismo é a primeira coisa a responder à desvinculação do medo e do ressentimento. "As pessoas têm me dito o que sentiram ao tirar o peso de vinte anos dos ombros, depois de se tratarem alguns dias nessa linha", ele escreveu. E conclui dizendo que praticar efetivamente a ioga do amor é a forma mais rápida de superar

---

10   Editora Pensamento, São Paulo, 1975.
11   Como desenvolver a consciência de amor: veja os capítulos sobre o amor nos livros da autora: *Segredos da cura de todos os tempos* e *Abra sua mente para receber*, publicados pela Editora Vida & Consciência.

todas as suas dificuldades, além de ajudar a humanidade a superar universalmente todos os problemas.

O amor cura uma dolorosa bursite

No início da minha prática religiosa, descobri a verdade das palavras do doutor Fox. As afirmações que expressam o amor divino *estão* entre os tipos de prece mais poderosos para a cura.

Uma mulher de negócios tinha bursite no ombro. Ela estava sob supervisão médica havia várias semanas, tomando remédios e fazendo outros tipos de tratamento, na tentativa de aliviar a dor. Quando as drogas perdiam o efeito, as dores voltavam. Finalmente o médico lhe disse que não havia nada a ser feito em termos médicos para curar a bursite, e ela teria de aguentar a dor, esperando que, aos poucos, diminuísse.

Em uma manhã de domingo, após o culto na igreja, essa senhora pediu minha assistência religiosa e solicitou que eu orasse por sua cura. Na sala de orações da igreja, três de nós nos reunimos. Meu assistente e eu verbalmente declaramos para essa mulher:

O amor divino está fazendo seu trabalho perfeito em você e através de você, agora. Descanse e relaxe no amor de Deus e estará curada.

Durante algum tempo fizemos essas afirmações e depois meditamos silenciosamente sobre o poder de cura do amor divino. Ao fim de nosso período de orações, essa senhora voltou para casa com instruções de tirar uma soneca (devido à dor, ela não conseguia fazê-lo há várias semanas). Após relaxar, ela deveria nos telefonar, contando-nos o que acontecera. Ao chegar em casa, ela se sentiu relaxada e sonolenta. Em vez de sentir dor, conseguiu dormir e, ao acordar, a dor tinha passado e nunca mais voltou.

O amor é um poder da mente

Geralmente refletimos sobre o amor como uma emoção. Com frequência, também pensamos nele como uma qualidade espiritual. O amor é as duas coisas, porém também é um poder da mente inato ao homem, existente em todos nós.

Certas palavras usadas com persistência liberam esse poder da mente para moldar e transformar as condições na mente, no corpo e nas realizações do homem. As palavras "amor divino" dissipam o ódio, a resistência, a oposição, a obstinação, a raiva e outros atritos mentais e físicos que provocam a dor e a doença.

As palavras produzem células, e essas células se ajustam entre si por meio de ideias associadas. Quando as palavras "amor divino" entram nos processos mentais humanos, cada célula responde com estabilidade e equilíbrio. Conforme isso acontece, surgem a paz e a harmonia. A dor e a doença desaparecem. Quando persistentemente enfatizamos o pensamento do "amor divino", o homem se une com o poder de cura do amor dentro dele e então ele inunda o seu corpo em ondas de cura. Por meio do pensamento do "amor divino", o homem consegue se livrar de todos os tipos de limitação.

O amor cura a febre e a doença cardíaca

Outra experiência testemunhada no início da minha prática religiosa me convenceu do poder curativo do amor. Fui chamada ao hospital para orar por um homem de negócios com febre alta, que os médicos não conseguiam controlar. Remédios fortes abaixavam a febre, mas, assim que o efeito passava, ela retornava. A doença parecia especialmente séria, porque durante anos ele sofrera de doença cardíaca crônica e tomara medicamentos especiais para controlá-la. Qualquer pressão indevida no coração poderia trazer resultados temíveis.

Durante algum tempo, esse homem passara por dificuldades no casamento, tendo se envolvido com "outra mulher". Em vez de ficar em silêncio sobre essas dificuldades, a esposa divulgou os fatos em alto e bom tom a todos que estivessem dispostos a ouvir. Essa crítica apenas exacerbou os problemas. Houve um afastamento entre eles, seguido de doença, acúmulo de problemas financeiros e mau comportamento dos filhos, inseguros. Parecia uma situação deplorável.

Quando fiquei ao lado desse homem no leito do hospital e lhe declarei: "Deus ama você, Deus o guia, Deus lhe indica o caminho, você é amado por Deus e pelos homens", as lágrimas brotaram em seus olhos, e uma sensação de paz o tomou.

Ao retornar para o meu escritório na igreja alguns minutos mais tarde, aconteceu uma coisa muito estranha: enquanto estava sentada e relaxada, de repente um sentimento de calor intenso perpassou o meu corpo, seguido de uma explosão de lágrimas. Logo surgiu o pensamento: "Esta é uma experiência de cura que estou sofrendo no lugar dele. A febre alta daquele homem está passando para o meu corpo. Acabei de sentir suas próprias ansiedades acumuladas enquanto estão sendo liberadas. Ele está sendo curado!"

Na manhã seguinte, a esposa dele me telefonou para confirmar as minhas crenças. Após as nossas preces na noite anterior, toda a febre se extinguira. Em poucos dias, ele foi liberado do hospital, embora tivesse passado várias semanas lá. Ele começou a tomar doses cada vez mais reduzidas de remédios. Mais tarde, ele se livrou de todos os medicamentos de que dependera por tantos anos. Permaneceu saudável e ativo e teve um tempo de vida normal.

O "problema cardíaco" original associado ao casamento também se dissipou, quando a esposa se calou diante das dificuldades e começou a afirmar diariamente em relação ao marido e ao casamento: "Deus o/nos ama, Deus o/nos guia, Deus lhe/nos indica o caminho".

Os pensamentos críticos e de condenação provocam todos os tipos de doença. Quando falamos palavras de amor, limpamos a emoção negativa que provocou a doença. O amor é um trabalhador de primeira e realizará mais coisas para a sua felicidade que todos os outros poderes mentais juntos. Se quiser um servo que trabalhe para você dia e noite, cultive o amor divino.

Como produzir o amor

O amor é a chave da cura. Muitos médicos concordam agora que a maioria dos males do homem se origina da congestão e dos venenos acumulados por emoções negativas. O amor relaxa e harmoniza as emoções humanas. O amor sintoniza o indivíduo com o poder de cura dentro de si mesmo.

O amor é uma faculdade inata ao homem, existente em todas as almas, que pode ser usado para trazer harmonia e unidade para aqueles que estão separados por falta de compreensão, discussões ou egoísmo. O homem comum não tem consciência de possuir esse poder vigoroso que desviará todas as setas de ódio que forem disparadas em sua direção e neutralizará seu efeito destrutivo sobre o organismo.

Há alguns anos, estudos científicos sobre o amor na Universidade de Harvard, liderados pelo doutor Pitirim A. Sorokin, revelaram que os seres humanos sempre colocaram o amor no topo da lista de coisas a serem almejadas na vida. Temos a tendência, porém, de olhar para o amor como algo sobre o qual, pessoalmente, temos muito pouco controle. O amor acontece, ou não, para nós.

Agora, graças a esse estudo de Harvard, estamos descobrindo o contrário. O amor, como outras coisas boas, pode ser produzido deliberadamente pelos seres humanos. Não há motivo por que não possamos aprender a "gerar" o amor da mesma forma que fazemos com outras forças naturais.

Os cientistas de Harvard descobriram que, na verdade, você pode bombardear as pessoas, as situações e as doenças com o amor, produzindo mudanças miraculosas. Previram que "acender o amor" pode logo se tornar uma receita universal para a cura dos males do mundo.

Esse conceito sobre o poder do amor não é nada novo, embora fiquemos totalmente satisfeitos em ouvi-lo expressado por nossos eminentes cientistas. Foi o Mestre Psicólogo de todos os tempos que informou ao advogado que o amor era o maior de todos os mandamentos (Mateus 22: 35-40). Um dos intelectuais mais profundos e construtor do cristianismo inicial, o apóstolo Paulo, também se referiu ao poder de amar (1 Coríntios 13).

Você pode começar a "acender o amor" imediatamente na sua vida e, dessa forma, usá-lo como uma receita para a cura de seus males. Torne-a uma prática diária de meditação com o pensamento:

Amor divino, manifeste-se em mim.

Deve haver períodos de concentração mental no centro do amor, perto do coração, no plexo cardíaco. Pense no amor com a atenção voltada para dentro do peito e haverá uma aceleração. Todas as ideias necessárias para construir o amor serão colocadas em movimento.

O amor cura a artrite

O amor divino tem um bálsamo para cada mal. A violação da lei do amor provoca um curto-circuito na sua saúde.

O ressentimento, o ódio, a inveja, o egoísmo e outras emoções negativas são responsáveis pela maior parte das doenças do homem. Assim como essas fortes emoções negativas afetam a química de seu corpo, provocando a doença, da mesma forma, os pensamentos de amor afetam a química do organismo, produzindo a sua restauração.

Uma senhora idosa sofria de artrite havia anos. Ela não conseguia usar os dedos nem as mãos. Na maior parte do tempo a dor era insuportável, e os pulsos estavam retorcidos. Era um horror tentar dormir à noite. Ela buscou vários médicos e usou os remédios prescritos, que aliviavam a dor ligeiramente, mas ela sempre retornava.

Certo dia, a promessa bíblica "o amor nunca falha" (I Coríntios 13: 8) começou a brotar em sua mente. Ela não conseguia tirar aquela promessa da mente. Depois ela leu essas palavras no *Daily Word,* publicação da Igreja da Unidade[12]:

Meu coração está repleto de amor divino, e o amor divino operará qualquer milagre que for preciso.

Em períodos regulares e inúmeras vezes entre eles, enquanto estava sentada ou deitada, ela mental e audivelmente afirmou essas palavras. Ela também fez disso a sua prática diária, enviando pensamentos de amor para a família, os amigos e os vizinhos. Propositadamente, ela enviava pensamentos de amor para todas as pessoas que a enganaram ou a quem ela tinha magoado ou desgostado. Ela buscou no coração e na mente, quaisquer enganos ou ressentimentos escondidos ou já esquecidos há muito tempo.

Ela perdoou a todos, enviando amor para todas as nacionalidades, raças e credos. Com frequência, declarava:

Cristo em mim perdoa e envia amor a todos vocês.

Algumas semanas mais tarde, os pulsos retorcidos começaram a se endireitar. A seguir, ela conseguiu mexer um dedo,

---

12 *Daily Word* é uma revista da Igreja da Unidade, publicada desde 1924 até os dias de hoje. Alcança milhões de leitores ao redor do mundo, e é traduzida em mais de sete idiomas. Para mais informações, acesse: www.dailyword.com

depois o outro. Após alguns meses, ela conseguiu usar as mãos perfeitamente, fazendo todo o serviço sozinha. O momento de cura ocorreu há vários anos. O seu médico declarou que a artrite, provavelmente, tinha sido superada para sempre.

O organismo não tem iniciativa própria. É um ser vivo que a mente construiu e continua a controlar. O processo gerenciador é atingido por meio de impulsos mentais que agem sobre os tecidos sensíveis ao pensamento, chamados células cerebrais. Estas contêm núcleos que recebem e transportam os pensamentos e as emoções ao ego gerenciador. Pelo poder dinâmico do pensamento, o homem pode liberar a vida dos elétrons secretados nos átomos que compõem as células do corpo. Ao enfatizar persistentemente o pensamento do "amor divino", o homem consegue mudar suas crenças e reconstituir o organismo, célula a célula, conforme foi comprovado por essa mulher.

Amor, um requisito indispensável no tratamento psicossomático

Há alguns anos, um médico me mostrou um livro de medicina sobre doenças psicossomáticas que indicava o poder do amor para a saúde e plenitude. Nele um grupo de médicos tinha compilado suas análises sobre as várias doenças e os comportamentos mentais e emocionais que eles sentiam que provocavam essas doenças. Fiquei surpresa ao ver que, em todas as análises, a necessidade de amor estava inclusa.

Por exemplo, no caso dos problemas estomacais de todos os tipos, um dos motivos psicossomáticos mencionados foi a "necessidade de amor". No caso de distúrbios cardíacos, uma das razões listadas era a "carência de amor".

No caso de problemas na pele, um dos motivos listados era a "necessidade de aprovação", que é uma forma de amor. Isso me trouxe à mente a experiência que uma contadora compartilhou comigo. Ela tinha um problema de pele que desafiava a medicina, até que ela começou a colocar a mão no rosto diariamente, afirmando: "O amor divino está te curando, agora", e a doença dermatológica começou a sarar rapidamente.

No caso de distúrbios femininos, um dos motivos listados era a "falta de amor". No caso de fadiga crônica, um dos motivos psicossomáticos da lista era "depressão, insegurança e necessidade de amor".

No caso de dor de cabeça comum e enxaqueca, um dos motivos listados era "insegurança e necessidade de amor". Certa vez, conversei com uma mulher de negócios que sofria de enxaqueca. Os médicos tinham tentado todos os tipos de tratamento conhecidos, tentando ajudá-la. Ela também procurara cura metafísica de vários tipos, tentando se livrar da dor de cabeça.

Quando perguntei: "Você tentou a oração afirmativa como um meio possível para a cura da dor de cabeça?" Ela respondeu que a afirmação era simples demais para funcionar com ela. Vários curadores espirituais famosos da região foram mencionados e eu lhe perguntei se ela tinha entrado em contato com algum deles pedindo ajuda. De fato, ela tinha, com todos eles. Então ela começou a criticá-los severamente. Ficou claro que essa mulher precisava desenvolver e gerar um estado de espírito amoroso se quisesse livrar-se de seus problemas de saúde. Seu comportamento testemunhava a favor das descobertas médicas. Isso foi indicado para ela, e algumas afirmações de amor foram sugeridas para uso diário.

No caso de peso excessivo e exagero ao comer, um dos motivos listados foi "um sentimento de insatisfação com a vida e necessidade de amor". No caso de alcoolismo e outros excessos, uma das causas da lista era "sentimentos de inferioridade e necessidade de amor".

Os psicólogos reconhecem há muito tempo a falta de amor como motivo para doenças. Não é bom saber que nossos médicos também estão percebendo que sempre que há algum problema de saúde, há necessidade de amor?

Também é bom perceber que, quando há essa necessidade, *você pode começar a supri-la dentro de si.* Quando você irradia o pensamento de amor de dentro para fora, ele é liberado em sua mente, seu corpo, suas realizações e seus relacionamentos, assim quaisquer formas exteriores de amor necessárias na sua vida serão atraídas.

Um homem de negócios me disse que tinha sido curado de uma doença dolorosa de longa data, após começar a liberar o amor de dentro de si, dizendo palavras de amor ao seu corpo. Ele tinha tentado vários tratamentos em vão e, depois de ter lido o capítulo que mostra como gerar amor, no meu livro *Leis dinâmicas da prosperidade*, ele começou colocando as mãos na área dolorida do corpo, repetindo várias vezes: "eu te amo", e a dor, aos poucos, sumiu.

Os pensamentos poderosos de amor que podem curar

Um pensamento poderoso para cura é este: "Deus é amor". Se a força total dessa afirmação acontecer, uma transformação maravilhosa aconteceria ao homem e ao seu mundo. Uma pessoa foi curada de um problema incurável após começar a repetir essas palavras afirmativas várias vezes.

Outro exemplo é o de uma senhora, sentada ao lado da cama do marido doente, à beira da morte. Inúmeras vezes, ela declarou: "Deus é amor". O marido reagiu e teve uma recuperação completa.

Um homem bebia já havia algum tempo. Ele visitou pastores, um padre, um rabino e vários assistentes sociais, na tentativa de terminar com o vício. Finalmente, ele encontrou o caminho até mim.

Muito embora esse homem já estivesse intoxicado na época em que buscou auxílio, ele concordou em começar a fazer declarações positivas comigo tão logo conseguiu articular as palavras de forma coerente. Enquanto isso, concordou em ficar sentado em silêncio e aceitar as ideias expressas.

Comecei afirmando-lhe várias vezes:

Deus o ama, Deus o guia, Deus está mostrando o caminho a você.

A ideia de que Deus o amava era nova para aquele homem, que anteriormente acreditava não ser amado e não ser querido pela Divindade por causa da bebida. Esse pensamento, em si, trouxe-lhe a sobriedade.

Finalmente, ele se juntou a mim nas seguintes afirmações para ele: "Deus me ama, Deus me guia, Deus está me mostrando o caminho". Continuamos esse processo simples de verbalização afirmativa por algum tempo, até que a mente do homem se abriu. Ao fim de nosso período de oração, ele saiu de meu escritório sóbrio.

Ao partir, ele mencionou que não tinha nenhum lugar para passar a noite; além da necessidade de comida e abrigo, também precisava de um casaco para se proteger do tempo frio inclemente. Sabendo que esse homem já possuíra essas coisas antes, senti que fortaleceria seu apreço por eles, ao atrair essas bênçãos pela afirmação.

Foi explicado que o próprio uso das palavras poderia continuar a abençoar, guiar, curar e suprir as coisas para ele. Ele concordou ao afirmar no momento: "Deus me ama, Deus me guia, Deus está me mostrando o caminho", conforme ele caminhava em direção ao centro da cidade.

Um velho conhecido passou por ele de carro, reconheceu o homem que caminhava e lhe ofereceu uma carona até a cidade. Naquela mesma noite, o amigo o presenteou com um casaco usado, porém bem quente, deu-lhe abrigo e comida até que ele encontrasse um emprego.

Poucas semanas depois, quando esse homem retornou para me agradecer, ele estava barbeado, com roupas limpas. Tinha conseguido emprego e já morava em seu próprio quarto alugado. Quando começou a dirigir os pensamentos e a sua vida em termos construtivos, ele conseguiu dar uma reviravolta completa de uma vida anterior de dissipação.

Muitas pessoas, por terem sido coagidas ou anuladas na infância, ficam com locais duros e improdutivos na mente subconsciente e não respondem rapidamente ao poder da palavra. A palavra "amor" supera esses pensamentos críticos, que provocam angústia mental e física. Já que o amor é um poder harmônico e construtivo, quando feito ativo na mente do homem, o amor preserva a sua substância. Ele reconstrói, reforma e restaura o homem e seu mundo. Esse "ex-bêbado" provou o poder de cura do amor.

Uma enfermeira, que vinha trabalhando no plantão noturno, sofria de insônia. Finalmente, ela visitou o pastor, explicando a sua incapacidade de relaxar e dormir durante o dia, e sua hesitação em tomar remédios que poderiam deixá-la dependente. O pastor, explicando o efeito curativo das palavras sobre o corpo, pediu à enfermeira para se sentar silenciosamente em uma cadeira grande e confortável. Juntos, eles afirmaram várias vezes: "Eu descanso e relaxo no amor de Deus e estou curada".

Logo ficou aparente que a enfermeira estava cochilando, enquanto o pastor prosseguia a sua afirmação em voz baixa, para ela: "Você descansa e relaxa no amor de Deus e você está curada". Logo ela estava dormindo pesado, roncando até. Ao retornar para casa, a enfermeira dormiu pela primeira vez em semanas. A insônia tinha passado.

As descobertas de um grupo de oração sobre o amor

Sei de um grupo de pessoas que certa vez experimentou o poder do amor em um grupo de orações e descobriu que é a melhor coisa do mundo para resolver tanto os problemas pessoais quanto os de negócios. Uma vez por semana, essas pessoas se encontram durante uma hora e, juntas, fazem afirmações sobre o amor divino. Eles trazem para o grupo de orações suas listas particulares de orações com nomes de pessoas e situações que gostariam de ver abençoadas. Ninguém mais via essas listas de orações, tampouco os problemas e as pessoas das listas eram mencionados.

Em vez disso, cada pessoa colocava a mão na sua própria lista silenciosamente, enquanto o grupo fazia várias afirmações de amor divino: "O amor divino está fazendo o seu trabalho perfeito em mim e através de mim, agora", eles afirmavam para si, para sua própria saúde, prosperidade e felicidade. "O amor divino está fazendo o seu trabalho perfeito em você e através de você, agora", eles afirmavam para os outros.

De uma forma silenciosa e pacífica coisas surpreendentes começaram a ocorrer para vários membros daquele grupo de oração e para as pessoas em favor de quem eles oravam.

Uma mulher de negócios estava em desavença com vários amigos. Quando começou a enfatizar as afirmações de amor, essas pessoas começaram a aparecer de surpresa no grupo de oração e rapidamente houve a reconciliação.

Outra mulher de negócios vinha enfrentando dificuldade por algum tempo, devido a um mal-entendido que surgira meses antes entre ela e alguns amigos. Ela tinha tentado de todas as formas se desculpar e voltar à harmonia, mas tinha sido repelida friamente por cartas, telefonemas e contato pessoal.

Certa noite, durante a hora da prece, enquanto o grupo afirmava o amor divino para os nomes na lista de oração, essa mulher e uma outra ouviram um enorme barulho de explosão no ar. Uma das mulheres o rejeitou, pensando ser produto de sua imaginação. Mas, depois de o grupo ter terminado, a segunda senhora foi até ela e lhe confidenciou: "Você ouviu o barulho no ar? Não foi sua imaginação. Aconteceu de verdade.

Foram os pensamentos críticos que existiam entre mim e meus amigos se rompendo. Estou convencida de que, por meio de nossas palavras emitidas nesta noite, o amor divino dissolveu a desarmonia existente".

A partir daquela noite, essa senhora teve uma sensação totalmente diferente sobre a desarmonia anterior e silenciosamente agradeceu ao amor divino, que aliviara a situação. E assim foi. Algumas semanas mais tarde, ela se sentiu conduzida para os amigos novamente. Em vez de recusá-la, desta vez reagiram como se nada tivesse acontecido de errado entre eles. A cordialidade anterior foi restabelecida e ainda prossegue.

O amor divino é a força que dissolve todos os adversários do pensamento verdadeiro e, assim, livra todos os obstáculos que se apresentarem. Quando a substância do amor divino é vertida sobre pensamentos alheios, você não é mais perturbado por eles. Quando o amor harmoniza a consciência, você descobre que as suas questões exteriores também são colocadas em ordem e, onde havia a oposição e o medo, prevalecerão a cooperação e a confiança.

A fórmula de sucesso de um homem de negócios

Há vários anos, um homem de negócios relatou como ele tinha desenvolvido sua própria fórmula para "endireitar" as pessoas problemáticas. Descobriu que ficar apenas em silêncio e abençoá-las com afirmações de amor era como se uma força elétrica tivesse sido gerada com a qual ele entrou em harmonia. Geralmente, elas rapidamente respondiam com atitudes e comportamento harmônicos. Caso contrário, mais afirmações sobre o amor invariavelmente produziam resultados satisfatórios.

Dentre suas afirmações de amor prediletas estavam estas:

O amor divino traz para a minha vida as pessoas corretas que podem me ajudar e me fazer feliz, e a quem eu posso ajudar e tornar feliz. Que as pessoas que não estão aqui para o meu bem maior desapareçam agora da minha vida e encontrem o seu bem em outra parte. Caminho no círculo encantado do amor de Deus e sou divinamente irresistível para o meu grande bem, agora.

Para as pessoas problemáticas, ele afirmava:

Eu o observo com os olhos do amor e o glorifico em sua perfeição, agora.

A falta de saúde, com frequência, é o resultado da desarmonia em casa ou no serviço, que a pessoa não sabe como se livrar. As afirmações supracitadas têm um efeito neutralizador e harmonizador sobre essas situações e devem ser usadas diariamente com esse propósito. A doença geralmente é provocada por uma mente que não está à vontade. Um famoso cirurgião recentemente enfatizou que um dos requisitos para a boa saúde é a "harmonia com as pessoas".

Quando estiver inclinado a pensar como a expressão de pensamentos e palavras de amor pode trazer tanto bem na resolução de vários problemas, lembre-se de que as palavras carinhosas e os pensamentos carinhosos estão lotados de poder para produzir resultados harmônicos. Na verdade, é a missão de amor, tanto pessoal quanto impessoal, que produz a plenitude em sua vida. A sua tarefa não é imaginar como o amor funciona, mas ousar liberá-lo *de dentro* de si. Enquanto faz isso, você pode testemunhar resultados interessantes, satisfatórios e curadores.

8.
A lei milagrosa da cura

Todos que leem a Bíblia conhecem o poder de cura usado por Jesus Cristo e Seus seguidores, séculos atrás. Os quatro Evangelhos e o Livro dos Atos estão repletos de relatos de cura. O que a maioria das pessoas desconhece é que esse mesmo poder de cura está presente e disponível para todos nós. Ao ser evocado, geralmente produz resultados tão surpreendentes que são considerados milagres.

Os cientistas dizem que milagres não existem, trata-se simplesmente do trabalho de leis superiores, que geralmente não são compreendidas.

Na verdade, parece que temos um conjunto de leis naturais para o mundo físico e outro para o mundo invisível da mente e do espírito. As leis mentais e espirituais são tão fortes que podem ser usadas, quando necessárias, para neutralizar e até reverter as leis do mundo físico. Jesus conhecia as leis mais elevadas da mente e do espírito e as utilizava frequentemente para neutralizar a doença e produzir milagres inequívocos. O desenvolvimento da consciência de Cristo pode lhe dar acesso a esse mesmo poder milagroso!

A cura de um imigrante russo

Um imigrante russo chamou pela primeira vez minha atenção para o fato de o poder de cura de Jesus Cristo ainda estar muito presente entre nós. Na década de 1920, ele e sua família, que tinham sido política e financeiramente importantes na Rússia, foram repentinamente levados para um campo de concentração na Sibéria, onde sofreram todos os horrores de que ouvimos falar mais recentemente. Os maus-tratos resultaram na extinção de sua família.

Esse homem era espancado todos os dias e pensava que também fosse morrer. Uma noite, quase morto, de repente, ele se lembrou de algo que um missionário cristão do campo tinha sugerido: quando ele precisasse de um milagre, poderia obtê-lo chamando pelo nome de Jesus Cristo.

Deitado em sua cela, em estado de semiconsciência, ele começou a pensar no Nome e a evocá-lo. De repente, a presença viva de Jesus Cristo apareceu para ele e perguntou o que desejava. O homem moribundo declarou que queria ser curado e libertado do campo de concentração; se possível, também gostaria de ir para a América, viver e trabalhar.

Milagrosamente, tudo isso aconteceu. Apesar de estar em seu leito de morte, começou a se recuperar. Uma nova força brotou dentro dele, de maneira que, no dia seguinte, pôde se levantar e se movimentar pela cela. Os guardas, antes cruéis, perderam o interesse em continuar a puni-lo. Por meio de uma incrível série de acontecimentos, ele conseguiu escapar do campo com vários outros, sair da Sibéria para a Europa e, finalmente, chegar à América, onde viveu o resto da vida. Quando eu o conheci, ele me mostrou as terríveis cicatrizes que ainda carregava: a lembrança viva do poder de cura que Jesus Cristo continua a ter.

O segredo das realizações extraordinárias

Nenhum nome jamais sustentou realizações tão extraordinárias como o nome de "Jesus Cristo". Ainda hoje existe poder para realizações extraordinárias de todos os tipos para aqueles que se concentrarem nesse Nome.

Uma mulher via sua família passar por grande atribulação. Apesar de orar ardentemente por seus familiares, a experiência negativa prosseguia. No final, ela não conseguia encontrar palavras para pedir por eles além das palavras "Jesus Cristo". Assim que começou a dizer essas palavras repetidamente, a maré mudou, a família superou as dificuldades e ficou em segurança.

Por meio da repetição afirmativa do nome de "Jesus Cristo", uma dona de casa desfez muitos males e reconstruiu sua vida doméstica, que tinha entrado em grande sofrimento e discórdia. Na medida em que ela persistia evocando esse Nome, restabeleceram-se relacionamentos e um ambiente cada vez mais harmonioso.

A repetição é a mãe da sabedoria. Nada trará mais benefícios para você que a repetição contínua das palavras: "Jesus Cristo". Os seguidores de Jesus são a prova disso. Depois de Sua ressurreição, os discípulos se reuniram no lugar mais alto em Jerusalém e repetiram insistentemente Seu Nome durante aproximadamente sete semanas. No processo, eles se transformaram de discípulos comuns e ignorantes em apóstolos corajosos e iluminados dos primórdios da Era Cristã. Evocando Seu Nome, esse grupo de homens comuns foi capaz de espalhar a excepcional mensagem do cristianismo por todo o mundo antigo — uma realização extraordinária para aquela época.

Charles Fillmore descreveu o poder da evocação da presença do Cristo vivo:

"Aqueles que, mesmo por um curto período de tempo, voltaram seus pensamentos para o Espírito de Cristo podem testemunhar que isso desenvolveu neles uma nova visão da vida. Onde antes havia a dúvida e a incerteza, agora existe a confiança em um poder que os ajuda a viver melhor a cada dia. A saúde e a prosperidade tomaram o lugar do antigo medo de adoecer e da preocupação financeira".

Como o "incurável" é curado

Dizer o nome de "Jesus Cristo" estabelece uma vibração poderosa que libera o poder milagroso. Nesse Nome está o poder de despertar a vida, a substância e a inteligência que repousa em cada célula do corpo. No nome de "Jesus Cristo" está o poder de moldar a substância universal, como alimento, paz, harmonia ou orientação. Quando pronunciado, esse Nome coloca em atividade forças que produzem resultados miraculosos.

Certa vez, um dos conselheiros espirituais que trabalharam com Myrtle Fillmore, no início do movimento da Unidade, explicou como tantas curas milagrosas aconteceram ao evocar o nome de "Jesus Cristo". A senhora Fillmore literalmente "treinava" seus trabalhadores da oração na consciência curativa de Jesus Cristo. Eles afirmavam Sua presença e Seu poder entre eles, enquanto buscavam a cura para todos que os procuravam. Ao desenvolver a consciência de cura, cada trabalhador passava a aconselhar aqueles que buscavam ajuda.

Essa conselheira falou da época em que passava o dia andando de ônibus, fazendo visitas a hospitais e residências de doentes na cidade de Kansas. Ao voltar para a sede da Unidade, no fim da tarde, estava cansada e ansiosa para retornar ao lar. Mas lá encontrou, à sua espera, uma mulher que fora informada de ser portadora de uma doença incurável, restando-lhe pouco tempo de vida. A mulher, assustada, queria que orassem por ela. Não havia mais ninguém disponível, e a conselheira, cansada, pensou: "Como será possível orar pela saúde dessa mulher agora, quando estou tão cansada?"

Mesmo assim, elas se sentaram e, baixinho, relaxaram em oração. Durante algum tempo a conselheira meditou silenciosamente sobre o nome de "Jesus Cristo". Ao fazê-lo, foi invadida por uma sensação de força e vitalidade, seguida de um sentimento de paz que assegurou resultados valiosos. Mais ou menos meia hora depois, ao terminar a meditação, a mulher disse: "Jesus Cristo esteve aqui. Eu o vi entre nós enquanto você orava. Senti uma mudança se instalando no meu corpo. Estou curada". Nos dias seguintes veio a comprovação da veracidade de suas palavras. Naquela hora silenciosa deu-se uma cura permanente.

Declarando e afirmando o nome de Jesus Cristo, você envia ao corpo uma força espiritual que rompe os estados mentais fixos que provocaram a doença. As prisões mentais se abrem e os seus pensamentos e as suas emoções aprisionadas se libertam para produzir nova saúde.

A cura de um câncer

Existe um poder maravilhoso de proteção e libertação nesse Nome, quando pronunciado com sinceridade ou mesmo reconhecido silenciosamente. Charles Fillmore garantiu que: "Seja você quem for, esteja onde estiver, Jesus em Sua consciência espiritual espera por seu reconhecimento mental. Não importa o objetivo, Ele mostrará como alcançá-lo. Tudo aquilo que você pedir em Meu Nome, eu concederei!"

Uma dona de casa estava no hospital, operada de câncer, pela segunda vez. Não havia expectativa de vida. Vários membros de sua família tinham morrido de câncer e esperava-se que o mesmo ocorresse com ela.

Certa noite, quando estava muito fraca e provavelmente não sobreviveria mais um dia, ela sentiu o anjo da morte parado no lado esquerdo da cama, esperando por ela. "Se ao menos eu pudesse aguentar até amanhecer, eu sobreviveria, mas, se precisar me esforçar tanto até para tossir, irei embora", pensou.

De repente, ela se lembrou de ter ouvido falar sobre o poder revitalizador que existe no nome de "Jesus Cristo". Debilmente, começou a mentalizar o Nome. Depois de um tempo, parecia que uma luz enorme tinha surgido no quarto e pairava perto da cama, do lado direito. Em meio a essa luz grandiosa, apareceu a figura de Jesus Cristo. Quando a mulher O viu e sentiu Sua presença, uma enorme sensação de paz e alívio tomou conta dela. O anjo da morte retirou-se silenciosamente.

Ela não sentiu mais medo e relaxou em sono profundo. Na manhã seguinte, ao acordar, estava repleta de vitalidade. Um profundo sentimento de alegria permeava todo seu ser, e ela soube que viveria. Era uma sensação maravilhosa.

Isso aconteceu há várias décadas. A mulher se recuperou completamente e descobriu que estava completamente curada, não só física, mas também psicologicamente. Considerando que sempre fora uma pessoa muito rabugenta, infernizava a vida do marido e da família, ela começou a dar valor às bênçãos recebidas. Sentindo que sua vida tinha sido poupada por algum motivo construtivo, ela começou a estudar a Verdade e se tornou ativa na sua igreja, onde serviu de canal de inspiração e cura para muitas outras pessoas.

Como tocar o poder

Vinte séculos atrás houve um enorme poder pronto para explodir em nome de Jesus Cristo. Aquele poder existe ainda hoje. O nome "Jesus Cristo" é como uma caixa de alabastro que precisa ser rompida com vigor, para que seu precioso unguento verta como poder de cura. Você não deve desanimar se suas primeiras tentativas, ao evocar o nome de "Jesus Cristo", não trouxerem os resultados desejados. *São as proclamações repetidas desse Nome que liberam seu poder.*

Na medida em que insiste na afirmação desse Nome, você vai se convencer de que o termo "Jesus Cristo" detém em si todo o poder e de que vale a pena trabalhar nisso até que esse poder seja tocado. Jesus Cristo tentou deixar claro aos Seus discípulos que existe poder em Seu Nome para alcançar todas as coisas. Ao dizer o nome de "Jesus Cristo", faça-o com autoridade. Dessa forma, você coloca em movimento uma força poderosa para alcançar os resultados. Aproprie-se do nome de "Jesus Cristo" e confirme-o frequentemente. É certo que Nele existe o poder que abre os caminhos para sua prosperidade, com os quais a mente finita jamais sonhou.

Ao repetir frequentemente o Nome, você tomará posse de todo conhecimento ou poder necessários para enfrentar qualquer situação, vitoriosamente. Ao insistir no nome de "Jesus Cristo", você descobrirá que sabe tudo o que precisa saber, do jeito que precisa saber. Será o despertar de uma nova vida e energia em seu corpo, de uma nova paz e harmonia em seus assuntos pessoais. Uma nova substância se revelará em suas questões financeiras. Na verdade, sua mente se renovará, seu corpo e seus problemas se transformarão. As coisas antigas ficarão para trás. Uma nova prosperidade chegará, de forma que pode parecer até que você renasceu.

Uma das primeiras experiências de testemunho do poder de cura da consciência de Cristo surgiu quando uma mulher doente solicitou orações. Ela estava sempre buscando uma cura. Assim que se recuperava de uma doença, aparecia outra. Obviamente "desfrutava" a enfermidade e a atraía inconscientemente. A mulher tinha compulsão pela atenção que recebia por estar doente e, na verdade, seus males eram autoinfligidos. Porém, quando o sofrimento ficava muito desconfortável, ela sempre buscava alívio.

Uma tarde, quando ela ligou pedindo orações, eu estava ocupada ditando cartas para a secretária. Minha primeira reação ao seu pedido de oração foi: "Como devo orar para que essa mulher fique curada para sempre? Já usei todos os tipos de oração que conhecia na tentativa de ajudá-la". Um pensamento passou pela minha cabeça: "Pare de tentar curá-la. Lance a responsabilidade de sua cura para Cristo vivo".

Pedi imediatamente para a minha secretária unir-se a mim em oração pela solicitante. Nós relaxamos, ficamos calmas e afirmamos:

Lanço a responsabilidade da cura para Jesus Cristo. Jesus Cristo está aqui, curando, curando, curando.

Um pouco depois, falamos com firmeza:

Agora o Cristo em você a liberta de toda limitação. Você está livre de correntes e amarras. Agora, você está curada em nome de Jesus Cristo e mentalmente aceita a cura permanente.

Ao atingirmos uma sensação de paz e libertação, finalizamos nossas preces e voltamos ao trabalho.

Em menos de uma hora, essa mulher voltou a ligar para dizer que a dor havia passado. Depois disso, suas ligações pedindo a cura escassearam até desaparecer por completo, indicando que, enfim, ela teria começado a aceitar mentalmente a cura.

A fórmula milagrosa

Uma das grandes terapeutas metafísicas no início do século 20 foi Emma Curtis Hopkins, que atendeu mais de 50 mil pessoas, antes da era da mídia de massas, do rádio e da televisão. Em seu livro, *Scientific Christian mental practice*, ela prometia:

"A busca mental da presença de Jesus Cristo cura a miséria, a surdez, a cegueira, a paralisia, o reumatismo e a insanidade. Como Ele nunca nos deixou, podemos evocá-lo mentalmente e sermos curados de qualquer doença de que sofremos."

Por que a prática de buscar mentalmente a presença de Jesus Cristo é uma fórmula tão poderosa de cura? Porque, através de Sua grande ascendência sobre toda a humanidade, Jesus Cristo ultrapassou a camada de pensamentos negativos que tinha dominado a raça humana. Ao fazer isso, Ele abriu o caminho para todos aqueles que se harmonizam com Seu poder fazerem o mesmo.

Se você quiser testar com problemas que nem toda

oração, assistência espiritual, tratamento médico, atenção psiquiátrica ou apenas muito trabalho árduo conseguiram superar, então comece a evocar o nome de "Jesus Cristo", pedindo por Sua ajuda. Ao afirmar Seu Nome diariamente, conclamando Seus poderes, você promoverá um importante "rompimento" da camada de pensamentos negativos limitadores que o prendem, passando para níveis mais altos de consciência. Então, você estará livre para clamar pelo seu bem-estar.

Na verdade, em algumas circunstâncias, você realmente saberá quando "rompeu" a camada de pensamentos negativos que antes o limitava. Outras vezes, você se sentirá livre de todas as antigas dificuldades. Ao ficar "acima delas" (o que é uma maneira de "superá-las"), essas dificuldades desaparecerão e você vai achar que os chamados milagres aconteceram.

Estas são as preces especialmente poderosas para romper a negatividade e alcançar o bem-estar:

- Não há nada no mundo que eu deva temer, pois o poder milagroso de Jesus Cristo, aqui e agora, é maior que qualquer outra coisa.

- Sozinho, eu não posso, mas Jesus Cristo pode e está realizando milagres em minha mente, corpo e nos meus assuntos, aqui e agora.

- O poder milagroso de Jesus Cristo está atuante em minha mente, em meu corpo e em meus assuntos, agora, e cada pedacinho deles é completo em si.

- O poder milagroso de Jesus Cristo agora está liberado sobre este fenômeno (situação, personalidade, diagnóstico), e o seu resultado perfeito se manifesta agora.

- Eu lanço esta responsabilidade sobre Jesus Cristo e agora estou livre para receber meu supremo bem.

O que a consciência de Cristo pode fazer

A primeira "maratona de cura" na sede da igreja da Unidade, em Kansas City, recebeu pessoas de todo mundo. Foi um evento com duas semanas de duração. No encerramento da conferência, foi pedido que as pessoas que tinham recebido curas durante os encontros ficassem em pé. Mais de 90% da plateia se levantou.

Depois, alguns testemunhos de cura apareceram na revista *Unity*. Uma mulher que usou óculos durante quase toda a vida recebeu a cura para sua visão e deixou de usar óculos. Outra mulher foi curada de um câncer de mama, depois que os médicos a tinham operado pela última vez. Um executivo foi curado da asma. Outro obteve a cura de uma dor intensa, resultante de uma deterioração dos ossos do ombro. Uma mulher magra e esquálida, sem condições de andar, que tinha sido literalmente carregada para a conferência, começou a ganhar peso e conseguiu andar sozinha antes do término dos encontros.

O que produziu estas e muitas outras curas?

Durante a conferência, Charles Fillmore falou sobre a presença viva e o poder de Jesus Cristo. Em uma das palestras, ele disse:

"Não temos nenhum homem na liderança do movimento da Unidade. Existe apenas um líder, Jesus Cristo. 'Mas — vocês dirão — Jesus Cristo se foi.' Eu garanto a vocês que Ele não se foi. Ele está entre nós hoje. Ele foi visto mais de uma vez sobre este palco. 'Onde dois ou três estiverem reunidos em meu nome, lá estarei entre eles.' Nós estamos reunidos aqui em nome de Jesus Cristo. Jesus está aqui pessoalmente, ressuscitado da quarta dimensão. Jesus está aqui em Seu glorioso corpo. Assim como João viu Jesus na Ilha de Patmos, muitos o veem hoje. Muitas pessoas afirmaram tê-Lo visto nesta capela, e nós acreditamos em seus testemunhos. Nós vemos e sentimos

Jesus e também temos a certeza de Sua presença e orientação em todos os caminhos."

Pelo mundo todo, um número crescente de pastores sem congregação está curando pessoas em nome de Jesus Cristo. Conversei uma vez com um desses pastores, conhecido por sua consciência de Cristo, que curou um número incontável de pessoas de todos os tipos de doença, inclusive aquelas consideradas "incuráveis".

Quando perguntei sobre os métodos de cura desse pastor, ele disse: "É simples. Eu apenas evoco a presença e o poder de Jesus Cristo para curar. Ele faz o trabalho. Ele está entre nós agora da mesma forma que há dois mil anos. O Mestre responderá amorosamente a qualquer um que se dirigir a Ele pedindo ajuda". Depois ele relatou várias curas recentes de câncer em sua congregação, ocorridas depois que ele começou a pedir a Jesus Cristo que curasse.

Como aconteceram curas importantes e curas menores

A consciência de Jesus Cristo tem poder tanto para pequenas como para grandes curas. Uma empregada doméstica desceu as escadas de sua casa para assistir a uma palestra sobre a cura. Na pressa, ela caiu, cortou a testa, perto do olho, e ficou com o ombro, o braço e a mão doloridos e inchados. Um parente, que testemunhou o acidente, disse: "Você precisa se deitar imediatamente, vou ligar para um médico. Você se feriu seriamente". Mas a mulher estava decidida a escutar a palestra. Ignorando o aviso, ela seguiu seu caminho penosamente.

No final da palestra, ela se aproximou do palestrante, com muita dor. O corte próximo ao olho continuava a sangrar e seus dedos, braço e ombro estavam bastante inchados. O palestrante percebeu e declarou: "Agora, você está curada em nome de Jesus Cristo!" A mulher repetiu humildemente essas palavras em voz alta: "Sim, agora eu estou curada em nome de Jesus Cristo!" Enquanto pronunciava essas palavras, todo o "sofrimento" deixou o seu corpo. Apesar da demora para o desaparecimento do inchaço e a cicatrização do corte, uma cura aconteceu.

O nome de "Jesus Cristo" detém em si todo poder que é liberado pela palavra falada.

Essa mulher comprovou isso.

Um executivo descobriu que a melhor maneira de entrar em meditação profunda é afirmar repetidamente o nome de "Jesus Cristo". Certa noite, durante uma meditação, ele pediu pela cura de três amigos, que estavam hospitalizados, seriamente doentes. Em seu momento de oração, ele imaginou Jesus Cristo curando aqueles amigos. Ao fazê-lo, "viu" os três amigos saindo do hospital, seguindo Jesus Cristo. Essa visão lhe deu a garantia de que eles ficariam bem. Os três foram liberados do hospital no mesmo dia!

Uma senhora idosa deveria sair para uma viagem de férias, mas alguns dias antes ela foi acometida de dores lombares. Na cama, incapaz de andar, recusou-se a se entregar à doença, repetindo a afirmação: "Jesus Cristo está aqui, agora, curando-me. Com sua ajuda, vou me levantar e andar". Durante alguns dias suas preces pareciam ter sido em vão, pois a dor continuava. Mas ela insistiu na afirmação.

Às duas horas da manhã do dia programado para sua viagem, ela acordou e percebeu que a dor tinha passado; seu corpo estava repleto de energia. Levantou-se da cama e andou. Ela e o marido se uniram a uma excursão que visitava a maior caverna dos Estados Unidos. Na verdade, essa mulher foi mais longe que seu marido saudável, que decidiu não fazer o último trecho da caminhada.

A cura da paralisia, reumatismo e problemas cardíacos

Um homem de negócios sofria de uma paralisia dolorosa, que persistia apesar dos melhores cuidados médicos. Depois de conhecer as curas de Jesus registradas no Novo Testamento, ele começou a afirmar diariamente:

O poder de cura de Jesus Cristo emana em mim e me conduz à saúde perfeita.

Quase imediatamente os sinais de recuperação se tornaram evidentes: primeiro, ele se viu livre da dor, depois foi capaz de se mover para fora do quarto a passos lentos, porém firmes, em seguida caminhou pelo jardim. Em poucos meses ele exibia perfeita saúde. Assim como esse homem, você poderá ver coisas maravilhosas acontecerem quando afirmar o nome de "Jesus Cristo". Você pode esperar até o impossível!

Um outro executivo sofria fortes dores decorrentes do reumatismo que a medicina não tinha conseguido resolver. Ele também apresentava problemas cardíacos que o atormentavam desde a juventude. Os especialistas médicos tinham feito o prognóstico de que em breve ele estaria completamente inválido.

Esse homem continuou buscando a cura, recusando-se a aceitar o diagnóstico. Ao conhecer o poder de cura encontrado na consciência de Cristo, ele repetiu milhares de vezes a oração ensinada por um amigo:

Cristo em mim renova a minha mente e o meu corpo. Agora, Cristo em mim restaura a minha integridade e saúde.

Em um mês, o reumatismo melhorou bastante. Depois de seis semanas a dor havia passado, com exceção de uma pontada ocasional, que desapareceu mais tarde. Quanto ao coração, ele logo se livrou dos remédios que tomava havia muito tempo.

Mais tarde, quando surgiram outros problemas de saúde, a mesma técnica de cura produziu resultados animadores: um caso de sangramento grave de gengiva, uma crise de pneumonia e uma hérnia desapareceram completamente assim que o poder de cura de Jesus Cristo foi evocado.

Depois, ao recapitular essas experiências, o homem declarou:

"Talvez a maior mudança que essas curas trouxeram foi uma transformação interior. Sou um homem de meia-idade, que pode ser considerado extremamente sofisticado. A princípio, completamente agnóstico, agora aceito sem questionamento o poder de cura de Jesus Cristo. Graças às minhas próprias experiências, consegui atrair inúmeras pessoas para o poder de cura que ainda pode ser encontrado na prática do cristianismo."

Como provocar a movimentação suave das coisas e dos acontecimentos

Quando estiver em meio à situação mais desesperadora, comece a evocar o poder de Jesus Cristo. Este será o primeiro movimento mental para dissolver a escuridão. O chamado do nome "Jesus Cristo" pode provocar a movimentação suave das coisas e dos acontecimentos.

Você pode evocar o poder milagroso de Jesus Cristo de várias maneiras simples:

Primeiro. Voltando deliberadamente sua atenção para Ele e pedindo ajuda.
Segundo. Repetindo o nome "Jesus Cristo".
Terceiro. Meditando continuamente sobre o nome "Jesus Cristo", deixando que Ele lhe revele Sua presença, Seu poder e Sua orientação.
Quarto. Imaginando repetidamente "Jesus Cristo" em qualquer situação, condição ou pessoa que o aflija, produzindo resultados perfeitos.

O poder de êxito de um texto secreto

Aqueles que superaram situações difíceis geralmente têm uma palavra, um lema ou texto secreto, ao qual apelam diante de uma provação. Esse texto secreto reorganizou suas coisas, levando-os à vitória. Os antigos místicos consideravam que o nome de "Jesus Cristo" era um desses textos. Para qualquer situação problemática, eles afirmavam: "Venha, Jesus Cristo".

Certa vez, uma secretária comprovou o poder do uso desse texto secreto. A empresa para a qual ela trabalhava contratou um gerente que parecia ser totalmente incapaz. Em poucos meses, surgiram dificuldades financeiras e incompatibilidades. Mesmo assim, as pessoas que contrataram esse homem não percebiam que ele era a causa dos problemas repentinos. Ele disfarçava com inteligência suas verdadeiras atitudes e métodos.

Depois de um dia especialmente agitado, essa secretária permaneceu no escritório depois que os outros já tinham saído. Percorrendo o andar, ela afirmou:

Jesus Cristo está aqui, produzindo resultados perfeitos.

Ela fez esta afirmação centenas de vezes, até sentir que o transtorno e o peso negativo tinham desaparecido. Seu texto secreto realizou um trabalho perfeito. Depois de alguns dias, o gerente ineficiente pediu demissão. Quando ele saiu, a confusão por ele provocada também se foi.

No mundo religioso já é antiga uma crença, segundo a qual existe em algum lugar uma "palavra poderosa perdida" que, quando encontrada e proferida, colocará todas as coisas no lugar. Os hebreus achavam que essa "palavra perdida" era conhecida pelos sacerdotes. Quando usada corretamente, trazia instantaneamente resultados milagrosos. Os primeiros cristãos pensavam que a "palavra poderosa perdida" podia ser encontrada na repetição contínua do nome de "Jesus Cristo".

Torne esse Nome seu texto secreto, seu texto milagroso!

9.
A lei oculta da cura

Quando a vida parece estar repleta de derrotas, desânimo e perigos, é o momento de evocar a lei oculta da cura. Isso pode ser feito afastando-se das experiências desanimadoras e afirmando frequentemente duas palavras carregadas de poder: "Eu sou".

A palavra *oculta* significa "aquilo que é secreto". Os antigos egípcios tinham uma expressão secreta especial que pronunciavam para produzir resultados maravilhosos. Essa expressão oculta era: "Eu sou".

O jovem príncipe Moisés conheceu o poder secreto que poderia ser liberado por aquelas palavras, na corte do faraó. Era evidente para Moisés que os egípcios depositavam grande poder nessas palavras, pois elas estavam sobre as paredes de todos os templos egípcios daquela época.

Quando Jeová ensinou Moisés a usar essas palavras tão poderosas para livrar os hebreus do temido faraó, Moisés soube que o poder extraordinário o acompanharia em sua missão. Ao evocar o poder do "Eu sou", ele não apenas salvou a futura nação judaica da escravidão cruel, mas também realizou as tarefas impressionantes de alimentá-la durante quarenta anos no deserto infértil, de curar a lepra tão crítica de sua irmã e de realizar o sonho dos hebreus ao conduzi-los até a fronteira de sua tão almejada Terra Prometida.

No final de sua vida, Moisés lembrou aos hebreus outras façanhas: durante todos os anos da dura vida no deserto, suas roupas não "envelheceram" sobre eles e seus sapatos não "gastaram". Aos 120 anos, apesar de tudo o que tinha passado, os olhos de Moisés não se turvaram, nem sua força natural diminuiu (Deuteronômio 34: 7). Quando esse homem incrível morreu, suas realizações (todas de uma proeza incrível) incluíam: libertador dos hebreus, profeta de Deus, arquiteto da lei moral e da ordem, fundador da nação hebraica, guerreiro, legislador, juiz, sacerdote, administrador e realizador de milagres.

O texto secreto de Moisés para o sucesso pode ser seu

"Eu sou" é como os hebreus chamavam a Deus, e eles se tornaram conhecidos como o "Povo do Eu sou" para sempre. Esta expressão oculta "Eu sou" foi descrita com frequência como a "canção de Moisés", porque era o seu texto secreto para o sucesso. Ele pode ser seu.

Existem poderes estranhos adormecidos nessas palavras. Tudo que você sonhar como desejável pode ser liberado através das palavras redentoras, "Eu sou", porque elas incitam a natureza divina no seu interior. "Eu sou" é o nome de Deus dentro de você. Jesus se referiu a elas como o reino de Deus dentro do homem (Lucas 17: 21). Meditar consistentemente com a afirmação: *Eu sou a luz do meu mundo* pode inundar todo o seu ser de luz e remover toda a escuridão. Os cientistas nos dizem que o centro de cada célula e átomo do corpo é luz. Quando essa luz é reconhecida e acesa na mente do homem, desaparece o lado negro da doença, da depressão, da confusão e da desarmonia.

O poder libertador dessas palavras

Há muitos anos, durante um dos invernos mais rigorosos no meio-oeste norte-americano, um jovem tomou conhecimento do poder libertador contido nessas palavras.

Ele tinha perdido o emprego. Sem trabalho, suas reservas financeiras se foram. Com o pagamento do aluguel atrasado, a proprietária desligou o aquecimento do quarto. Sem dinheiro para comprar alimentos, ele ficou faminto e fraco. Do seu ponto de vista, parecia não haver solução para essa situação difícil.

Tarde da noite, o jovem refletia sobre seu dilema e tentava encontrar uma solução. Finalmente, decidiu que a única possibilidade era pular no rio Missouri e acabar com tudo.

Bem cedo, nas primeiras horas daquela manhã tempestuosa, morto de fome, ele iniciou a caminhada fria até o rio. No trajeto desconfortável, procurou se proteger do vento gelado na entrada de uma loja. Ali ele esperava obter força e calor suficientes para prosseguir a caminhada. Ao se aconchegar lá, sua cabeça começou a girar. Ainda consciente, mas fraco, de repente escutou uma voz que dizia: "Eu sou". Surpreso, achou que alguém o seguia, mas não havia ninguém por perto naquela noite escura e fria. Concluindo que devia ser sua própria imaginação, ele se encolheu novamente. E, mais uma vez, sua cabeça começou a girar, enquanto ouvia a mesma voz dizer pela segunda vez: "Eu sou". Porém, desta vez, ele percebeu que a voz vinha de um lugar profundo dentro dele mesmo.

Confuso, sem saber o que aquilo significava, começou a repetir as palavras que ouvira: "Eu sou, eu sou, eu sou". Uma fascinação estranha por aquelas palavras cresceu dentro dele. Tentando compreender seu significado, logo percebeu que seu corpo se aquecia com uma chama de uma nova vida. A afirmação contínua dessas palavras fez com que ele percebesse que a fome desaparecera e sua mente estava estranhamente clara. Uma nova força entrou em seu corpo e mente.

O rapaz se dirigiu novamente para a rua, mas desta vez caminhou de volta para sua casa, longe do rio gelado. No caminho, continuou a repetir as palavras misteriosas, mas poderosas: "Eu sou". Ao abrir a porta de seu quarto, que estivera gelado e úmido, percebeu que agora estava aquecido, apesar de a calefação não ter sido ligada. Sentindo-se confortável, de uma forma misteriosa, foi para a cama e dormiu profundamente.

Na manhã seguinte, vestiu-se rapidamente e, seguindo um forte impulso, retornou a uma das empresas que tinha lhe recusado emprego no dia anterior. Desta vez, a pessoa responsável o contratou imediatamente, com um bom salário. Com essa feliz reviravolta, os problemas, que antes pareciam insolúveis, começaram a se resolver. O jovem continuou a fazer das palavras "Eu sou" o seu texto secreto e alcançou um sucesso crescente em sua vida. A "canção de Moisés" se tornou sua canção. O uso das palavras "Eu sou", com certeza, também pode lhe trazer um motivo para cantar!

Como utilizar o poder oculto para produzir resultados surpreendentes

Assim como os antigos hebreus, todos nós fazemos parte do "povo do Eu sou". Quando você segue adiante, usando as palavras "Eu sou" de uma maneira positiva e edificante, elas abrem todas as portas para você. Elas dissolvem todos os obstáculos. Elas preparam o caminho para o seu bem e o conduzem até ele. Assim como aquele jovem descobriu, sempre que você disser, pensar ou sentir as palavras "Eu sou", estará abrindo as portas do poder. Todas as vezes em que disser "Eu sou", estará liberando uma força dinâmica que produzirá resultados.

Como essa força dinâmica não tem outra escolha senão produzir aquilo que você anexar a ela, tenha cuidado com o que você atribui às palavras "Eu sou". Se você disser: "Eu sou doente", "Eu sou uma pessoa cansada", "Eu sou fraca", "Eu sou velho",

"Eu sou só", "Eu sou um fracasso", "Eu sou desanimado", estará exercitando um poder que produzirá esses resultados.

Mesmo que não pareça verdadeiro no momento, se você disser: "Eu sou saudável", "Eu sou feliz", "Eu sou próspero", "Eu sou um sucesso", tudo começará a se tornar realidade. Jesus aparentemente conhecia o enorme poder liberador dessas palavras, porque usava frequentemente a afirmação "Eu sou", veja como:

Eu sou o caminho, a verdade e a vida (João 14: 6);
Eu sou a ressurreição e a vida (João 11: 25);
Eu sou o pão da vida (João 6: 48);
Eu sou rei (João 18: 37);
Eu sou o bom pastor (João 10: 11);
Antes do nascimento de Abraão, eu sou (João 8: 58).

Parece uma bobagem para você pronunciar "Eu sou" de forma positiva, projetada para o bem, o sucesso, a saúde e a felicidade? Você duvida que tal poder seja liberado ao pronunciarmos essas palavras?

Se for assim, experimente: vá para uma sala sozinho, feche os olhos e volte a atenção para seu interior, repetindo as palavras "Eu sou". Logo você descobrirá todo seu ser preenchido por uma sensação de poder que nunca sentiu antes: poder de superação, de realização, de incitar a saúde e a vitalidade; poder de fazer tudo o que precisar ser feito. Experimente apenas dizer as palavras "Eu sou" de maneira positiva, visando ao bem, durante uma semana. Você vai ficar surpreso com os resultados!

A fórmula para a cura, o sucesso e a alegria

O poder do "Eu sou" é especialmente eficiente para a cura. Quando você disser as palavras "Eu sou", todas as células e os átomos de seu ser despertam e ficam atentas! Ao perceber isso, o profeta Joel aconselhou: "Deixem que os fracos digam: 'Eu sou forte'."

Muitas pessoas vivenciaram a cura da mente, do corpo e a solução de problemas, usando a seguinte fórmula simples:

Ao se recolher à noite, pouco antes de dormir, repita mentalmente ou em voz alta:

- Eu sou a saúde, a força, a paz, a felicidade e a prosperidade.

- O espírito de Deus que atua em mim flui através de meu corpo físico, em uma corrente purificadora, regeneradora e curativa, que remove todos os obstáculos e traz paz, saúde e harmonia para meu corpo.

- Eu sou bom, forte e vivo.

- Eu sou belo, tranquilo e equilibrado.

- Eu sou eternamente jovem.

- Eu sou leve, alegre e livre.

- Eu vou levantar pela manhã repleto de energia, esplendor e poder para realizar qualquer coisa que quiser.

Por meio desse processo simples, muitas pessoas resolveram seus problemas, desde a superação da pobreza até a cura de doenças. Você também pode!

Essa fórmula simples parece boa demais para ser verdadeira? Se você duvida desse poder, então inverta o processo. Tente dizer repetidamente: "Eu sou um fracasso. Eu sou, eu sou, eu sou!". Veja como se sentirá mal e como suas coisas ficarão desconjuntadas; por outro lado, se você insistir, "Eu sou um sucesso", poderá observar os acontecimentos em sua vida começarem a se movimentar nessa direção.

Ao conhecer o poder do "Eu sou", uma secretária decidiu testar seu efeito no escritório, onde os colegas de trabalho estavam infelizes e descontentes com muitas coisas. Na medida em que ela afirmava em silêncio: "Eu sou a alegria", em meio à tristeza; seus colegas se tornaram tão felizes que, em poucos dias, ela teve de suspender a experiência. A alegria deles começou a perturbar o trabalho e a interferir na rotina do escritório.

Como superar todas as dificuldades

Uma senhora, com problemas crônicos de saúde, incessantemente falava sobre seus distúrbios. Ela também era uma resmungona crônica. Depois de conhecer a lei oculta da cura, percebeu que vinha utilizando negativamente o poder do "Eu sou", na direção da doença e da deficiência, e estava colhendo os resultados correspondentes.

Um dia, ela decidiu mudar a ladainha e passou a dizer: "Eu vou conseguir", ou seja, "Eu vou ficar bem e resolver todos os meus problemas". Isso representou uma reviravolta em sua saúde e sua vida. Com a repetição contínua de afirmações positivas de "Eu sou", seus problemas crônicos desapareceram.

Você constrói o seu destino pelas coisas que anexa às palavras "Eu sou". Se disser: "Eu sou medrosa", vai se consumir de medo. Se disser: "Eu sou um com Deus e Sua bondade", imediatamente a sua vida começará a melhorar.

Certa vez, Emmet Fox aconselhou: "Diga para seu problema 'Eu sou me enviou', e o caminho se abrirá para você superar todas as dificuldades".[13]

Uma dona de casa estava com uma dor de dente incontrolável. Finalmente, ao se lembrar da lei oculta da cura, ela começou a afirmar: "Eu sou" positivamente: "Eu sou uma filha de Deus radiante, eu sou, eu sou, eu sou". A dor desapareceu e cedeu.

---
13   Emmet Fox, *Os dez mandamentos,* Editora Pensamento, São Paulo, 1999.

Uma avó testemunhou o desaparecimento da febre e da infecção de seu neto, enquanto segurava a criança nos braços e afirmava: "Eu sou a vida, eu sou a vida, eu sou a vida".

Um metafísico previu que chegará o dia em que as pessoas nos hospitais vão parar de dizer: "Eu sou uma pessoa doente", e serão curadas ao usar o poder positivo do "Eu sou". Certamente, quando as pessoas conhecerem o poder preventivo dessas palavras, a falta de saúde e a hospitalização não farão mais parte de sua experiência.

Você pode decretar paz espiritual e física, proclamando silenciosamente: "Eu sou a paz". O corpo é incrivelmente obediente às palavras "Eu sou" e apressa-se em cumprir suas ordens. Quando a ordem é positiva, voltada para o bem, o corpo se renova, até mesmo se transforma. A declaração de Jesus, "Eu sou a ressurreição e a vida", é uma prece poderosa para a renovação do corpo. A repetição contínua das palavras "Eu sou" deixa a mente em ordem e o corpo relaxado.

Havia um homem de negócios que sofria de uma doença incurável e cuja morte era esperada. Ao saber do poder ilimitado encontrado nas palavras "Eu sou", ele afirmou várias vezes: "Glória a Deus, estou curado", durante tanto tempo, que isso finalmente aconteceu.

A cura da reitora

A reitora de uma universidade para mulheres sofreu um colapso nervoso. Durante vários meses, ela ficou confinada na casa de um parente, recebendo constantes cuidados médicos. Apesar de suas condições melhorarem, a cura completa não acontecia.

Certo dia, o parente dela lhe ofereceu um livro inspirador. Na medida em que lia, sua mente se acalmava e pela primeira vez ela sentiu confiança numa recuperação plena.

Depois disso, ela ouviu de um pastor que a natureza

de Deus é boa; essa natureza estava dentro dela na forma de seu poder de afirmação, "Eu sou". Ele sugeriu que ela começasse a pedir por sua saúde e integridade mental e física, usando afirmações de saúde: "Eu sou", claras e intencionais.

Ela afirmava diariamente:

Eu sou a filha perfeita de Deus. Eu sou! Eu sou! Eu sou! Estou deixando a mente de Cristo expressar vida e integridade através de mim agora. Eu sou! Eu sou! Eu sou! Eu sou íntegra, boa e perfeita. Eu sou! Eu sou! Eu sou! Minha mente, meu corpo e minhas ações estão agora nas mãos de Deus. Eu estou curada, glória a Deus, eu estou curada. Eu sou! Eu sou! Eu sou!

No começo, ela hesitou em usar essas afirmações explícitas. Mas, ao fazê-lo, mesmo com a hesitação inicial, começou a se sentir calma, tranquila e segura de sua saúde. Em duas semanas, retornou ao seu trabalho de responsabilidade na universidade e continuou a usar afirmações "Eu sou" para saúde, orientação e sucesso. Pouco depois, já estava ótima.

É comum que as pessoas que aceitam seu poder e usam as afirmações "Eu sou" vivenciem curas que nada tinha conseguido produzir. De alguma maneira, o poder do "Eu sou", quando reconhecido, dissolve as barreiras emocionais e físicas que antes detinham a recuperação.

O poder de sucesso dessas palavras

Não eram apenas os hebreus e os antigos egípcios que conheciam o grande poder das palavras "Eu sou", outras grandes civilizações do passado também usaram essas palavras como texto secreto.

No século sexto antes de Cristo, um cidadão da Pérsia (atual Irã), chamado Zoroastro, começou a meditar diariamente usando as palavras "Eu sou". Ele não apenas se destacou socialmente, saindo das fileiras de pessoas comuns e se tornando governante de sua nação, mas também fundou a célebre religião persa, o zoroastrismo, que se tornou a primeira religião universal do mundo.

Charles Fillmore já descreveu o poder de sucesso adquirido quando você toma as palavras "Eu sou" como seu texto secreto:

Todas as vezes que você envia um pensamento de fé sincera na sua porção "Eu sou", coloca em movimento uma cadeia de causalidades que devem trazer os resultados que está buscando. Peça o que quiser em nome de "Eu sou", o divino interior, e seus pedidos serão atendidos; tanto o céu quanto a terra se mobilizam para atender seu pedido. A consciência do "Eu sou" vai tirá-lo do deserto da negação e conduzi-lo para a Terra Prometida da fartura, onde fluem o leite e o mel.

Certa vez, uma jovem empregada doméstica experimentou o poder de sucesso encontrado nessas palavras. Ela tinha o forte desejo de se tornar missionária em países estrangeiros de um determinado grupo religioso, mas não tinha o treinamento necessário. Mesmo assim, ela insistiu na afirmação: "Eu vou ser uma missionária, porque em Deus tudo é possível".

Ela continuou a usar o poder positivo do "Eu sou", até que um grupo de delegados de uma outra congregação a convidou para viajar como missionária. Eles decidiram que o seu grande desejo e a boa vontade para divulgar a Verdade eram muito mais importantes para a causa que qualquer instrução.

As experiências da autora com a palavra de poder perdida

No início do meu ministério, decidi experimentar as afirmações "Eu sou" em oração, apenas para testar seu poder. Os resultados me surpreenderam.

Naquela época, um membro do meu grupo de prece se encontrava comigo diariamente às onze horas da manhã, na sala de orações da igreja, para uma hora de prece e de meditação positiva. Esse companheiro era um homem de negócios muito ocupado, membro do conselho da igreja, que dedicava uma hora de seu dia atribulado para orar pelas questões da igreja, pelos nomes do ministério da oração e outros assuntos.

Sabendo que os primeiros cristãos consideravam o nome de Jesus Cristo "a palavra do poder perdida", enquanto o povo do Velho Testamento usava as palavras "Eu sou" igualmente como "a palavra do poder perdida", ocorreu-me que a combinação dessas palavras deveria ter uma eficácia especial.

Durante alguns meses, entre outras afirmações, meu companheiro e eu afirmávamos diariamente:

"Eu sou a mente de Cristo, eu sou, eu sou, eu sou! Eu permito que a mente de Cristo pense através de mim, eu sou, eu sou, eu sou! Eu deixo a mente de Cristo revelar a verdade para mim, eu sou, eu sou, eu sou! Eu deixo a mente de Cristo expressar a verdade através de mim, eu sou, eu sou, eu sou!"

Colocando nossas mãos sobre os pedidos de oração, nós afirmávamos:

Eu deixo a mente de Cristo curar através de mim, eu sou, eu sou, eu sou! Eu deixo a mente de Cristo prosperar em mim, eu sou, eu sou, eu sou! Eu deixo a mente de cristo produzir resultados perfeitos através de mim, eu sou, eu sou, eu sou!

À medida que uníamos e afirmávamos essas palavras, repetida e silenciosamente, todos os dias podíamos sentir uma poderosa presença entre nós. Era como se uma brisa fresca entrasse na sala de oração, um bálsamo curativo, que pode ser descrito como o Divino Espírito Santo ou como o próprio espírito do bem.

A afirmação contínua despertou um poder profundo. Uma sensação vital quente e suave nos preencheu espiritualmente e nos renovou; inspirou-nos sobre tudo de que precisávamos saber para nosso bem-estar pessoal ou para o bem da igreja.

Descobri que a utilização das afirmações "Eu sou" aumentou consideravelmente minha compreensão espiritual. As pessoas se curaram apenas assistindo a cursos e missas na igreja, e a vida de outras melhorou muito com o aconselhamento individual.

Tive revelações incríveis sobre assuntos da igreja, que determinaram resultados interessantes na reorganização, redecoração, na chegada de novos membros e no aumento da arrecadação. Também escrevi produtivamente durante esse período, como se uma superinteligência tivesse despertado em mim.

O homem de negócios conseguiu resultados concretos após a prática das afirmações "Eu sou": seus assuntos financeiros prosperaram tanto nesse período, que ele doou milhares de dólares em dízimos para a igreja. Um problema de saúde que o perturbava havia vários anos também melhorou bastante.

Como usar o poder criativo do universo para o qual nada é impossível

Nós descobrimos que o poder interior do "Eu sou" é um poder criativo.

O objetivo desse poder é atender a todos os seus chamados e manifestar aquilo que você proclamar em suas palavras. Com o uso intencional do poder positivo "Eu sou", você pode seguir livre e independente de conflitos e tristeza. Você pode caminhar pela estrada da vida de forma triunfal e gloriosa, como o filho de Deus, feliz e vitorioso que você é.

Com o uso correto do seu poder "Eu sou", você vai se perceber preenchido com o poder criativo do universo, para o qual nada é impossível. Ao evocar o poder "Eu sou", você vai alcançar seu destino divino, vivenciando a paz, a saúde e a plenitude aqui e agora.

Para atingir esse objetivo, faça frequentemente estas afirmações:

- Eu sou *uno* com Deus, eu sou uno com Deus.

- Eu sou o filho *radiante* de Deus, eu sou, eu sou, eu sou.

- Eu sou o filho *saudável* de Deus, eu sou, eu sou, eu sou.

- Eu sou o filho *próspero* de Deus, eu sou, eu sou, eu sou.

- Eu sou o filho *feliz* de Deus, eu sou, eu sou, eu sou.

- Eu sou o filho *iluminado* de Deus, eu sou, eu sou, eu sou.

- Eu sou o filho *insuperável* de Deus, eu sou, eu sou, eu sou.

- Eu sou o filho *vitorioso* de Deus, eu sou, eu sou, eu sou.

- Eu sou o filho *bem-sucedido* de Deus, eu sou, eu sou, eu sou.

- Eu sou o filho *amado* e *adorado* de Deus, eu sou, eu sou, eu sou.

- Eu sou *uma parte do poder criativo do universo*, para o qual nada é impossível. Eu sou, eu sou, eu sou.

- Eu sou *rico, bom* e *feliz*, e todos os meus assuntos agora estão nas mãos de Deus.

10.
A lei da cura pela imaginação

Um médico quiroprático foi o primeiro a me apresentar a lei da cura pela imaginação, apontando a frequência com que o uso adequado da imaginação tinha ajudado a superar problemas sérios de saúde de seus pacientes.

Uma mãe ansiosa levou a filha para tratamento dizendo: "Eu realmente não sei por que continuo tentando encontrar a cura para o problema de pele de minha filha, se sei que é incurável".

O quiroprático perguntou: "O que a faz pensar que o problema dela seja incurável?"

"Todos os médicos com quem conversei disseram isso", respondeu a mãe.

O médico replicou: "Isso apenas expressa *a opinião deles*, mas não significa que o problema não tenha cura.

Nada é incurável aos olhos de Deus.

Os cientistas nos dizem que o corpo está continuamente se reconstruindo e se curando. Quando o corpo é alimentado com a imagem mental de integridade, ele produz células de acordo com essa imagem; porém, se alimentado com pensamentos de desesperança e incurabilidade, produzirá células de acordo com essa imagem mental".

Dessa forma, ele incutiu na mente da mãe a imagem mental de que sua filha poderia ser curada. Depois, conversou com a menina, perguntando-lhe o que mais gostaria de fazer quando sua pele estivesse limpa novamente. Ela respondeu que gostaria de nadar. Retirando dinheiro de sua carteira, o médico disse: "Você está vendo este dinheiro? Ele será seu para pagar a natação no dia em que terminar o tratamento".

Todas as vezes que ela voltava para a sessão de quiropraxia, ele falava do dia em que estaria completamente bem novamente e mergulharia na piscina. Dessa forma, a imagem mental da cura era estimulada e aceita.

Foram várias semanas de tratamento constante e projeção de imagens, mas o problema da criança foi totalmente resolvido. No dia em que ela veio para a última sessão e reivindicou o dinheiro para a natação, a enfermeira balançou a cabeça e comentou com o médico: "Não consigo entender como o senhor fez isso, porque, como sabemos, a afecção da criança *era* incurável".

O médico gracejou: "Para ser o retrato da saúde, é necessária uma boa moldura mental". Nada mais verdadeiro!

O fantástico poder da imaginação

A aptidão da mente para projetar imagens é uma das mais importantes para a saúde, riqueza e felicidade.

Mesmo assim ela sempre foi incompreendida e desprezada. Devido à ignorância de seu poder fantástico, muitos foram vítimas de sua própria imaginação.

Certa vez, um famoso médico da Escola Médica de Harvard chamou a atenção de seus alunos para o assunto. Em uma aula sobre o fantástico poder da imaginação, o professor os alertou sobre eles mesmos imaginarem que tinham as doenças que estavam estudando. Ele disse que a história da medicina está repleta de exemplos de pessoas que adoeceram com o uso da imaginação de forma destrutiva.

Esse conhecido especialista passou a contar como o mau uso da imaginação fez com que ele próprio ficasse doente no início da carreira, quando pensou ser portador da doença de *bright,* uma doença renal, semelhante a uma nefrite aguda e crônica. Naquela ocasião, ao dar uma aula sobre o assunto, ele descreveu claramente cada fase da doença em detalhes. Quanto mais pensava e falava da doença, mais convencido ficava de que a desenvolvia.

A convicção tornou-se tão forte que ele não teve coragem de consultar um médico. Em vez disso, ele perdeu o apetite, a cor, a energia, o peso e, finalmente, não conseguia mais trabalhar. Ao saber de seu problema, um amigo médico que o visitava ficou tão assustado com a aparência do colega, que se ofereceu para examiná-lo. Mas o professor respondeu que não adiantava, porque já sabia que tinha essa terrível doença.

Só depois de muita insistência ele finalmente se submeteu aos exames, que revelaram não existir a menor evidência de doença de nenhum tipo. Então, o "paciente" se recuperou rapidamente, à medida que seu apetite, sua cor, sua energia e seu peso se restabeleceram.

Poucas pessoas percebem o poder quase sobre-humano que a imaginação exerce sobre o corpo. Conheço um excelente e jovem médico que ficou tão envolvido no estudo da artrite, que ainda muito jovem foi atingido severamente pela doença.

Na verdade, a história da medicina mostra que muitos morrem devido ao mau uso da imaginação. Essas pessoas preocupadas estavam convencidas de terem doenças que, na realidade, nunca tiveram. Seu problema não está no corpo, e sim na mente.

Paracelso, o médico do século 16, assinalava que: "A imaginação é a causa das doenças do homem".

Assim como um fantástico poder destrutivo, a imaginação também tem um fantástico poder construtivo.

Quando estava numa pescaria, um médico foi chamado para atender outro pescador que sentia dores. Ele estava sem a sua maleta e sem medicamentos. Mas, como conhecia o poder de cura da imaginação, usou farinha de trigo comum para preparar alguns pós e passou instruções cuidadosas sobre os horários e a maneira certa de administrá-los. O paciente também foi avisado pelos outros pescadores de seu grupo que estava sendo atendido por um médico reconhecido e se sentiria melhor.

O remédio proporcionou uma mudança tão maravilhosa em seu estado que, pouco tempo depois, o homem estava dizendo que conseguia sentir os efeitos do "medicamento" atuando em seu corpo!

Enquanto estava no teatro, uma jovem reclamou que se sentia mal. Ela estava acompanhada de um médico. Após ouvir sua queixa, ele tirou algo do bolso e sussurrou: "Coloque este comprimido na boca, mas não engula". Seguindo as instruções, ela imediatamente se sentiu melhor. Mais tarde, ficou curiosa em saber que tipo de comprimido tinha aliviado seu desconforto, mesmo não tendo se dissolvido.

Ao examiná-lo percebeu que se tratava de um pequeno botão.

Como a imaginação cura

Por que a capacidade mental de projetar imagens é tão poderosa a ponto de ser capaz de destruir ou recuperar nossa saúde?

Porque a imaginação é a habilidade mental de fantasiar e dar forma. A imaginação é a autora do tamanho, do peso, da forma, da cor. Tudo que é visível já foi uma imagem mental invisível e veio à tona como um resultado tangível pelo poder de imaginação da mente.

É sabido que o artista vê em sua mente todas as imagens que coloca na tela. Do mesmo modo, o homem acumula uma massa de ideias e pela imaginação produz uma forma definida. É através da imaginação que aquilo que é disforme acaba tomando forma.

Como?

Quando sua imaginação projeta imagens mentais nas células que formam os órgãos do corpo, os centros cerebrais respondem. As células, por meio de sua substância, constroem padrões correspondentes às imagens transmitidas pela imaginação.

Por exemplo, se você imaginar integridade, sua mente fixa a ideia da integridade na substância mental invisível, localizada no interior das células de seu corpo. Então, a força mental encontrada nas células se ocupa da produção dessa imagem de integridade. Se você imaginar uma condição ruim para seu corpo, a imaginação vai construí-la nas células do seu corpo, utilizando o mesmo processo, até que uma doença física se manifeste.

Uma fórmula de cura fantástica

A imaginação da saúde é uma das maneiras mais científicas de produzi-la no organismo. Também é um dos caminhos mais rápidos para a cura.

Sempre escuto as pessoas lamentando: "Tenho rezado constantemente por uma cura, mas a minha saúde ainda não melhorou". Em geral, a investigação revela que, enquanto essas pessoas desejavam realmente a cura, não tinham aberto a mente para ela, porque não a tinham imaginado! Por isso suas preces pareciam em vão.

A raiz latina da palavra *imagem* significa "conceber", "ficar grávido de" ou "ter em mente". Da mesma maneira que não se pode dar à luz uma criança antes da concepção física, tampouco é possível conceber uma nova saúde, antes de sua concepção mental. Primeiro, a pessoa deve imaginá-la ou concebê-la. A imagem prepara a condição. A condição não existe sem a imagem.

No início do século 20, o médico francês Emile Coué comprovou o poder de cura pela imaginação. Diante do fracasso de métodos convencionais de tratamento, pessoas de toda a Europa procuravam o doutor Coué para serem curadas. O sucesso de seu tratamento se espalhou de tal maneira que, no auge de sua carreira, ele atendia cerca de cem pessoas por dia.

Seu método? Ele incutia a imagem da cura na mente do paciente, garantindo-lhe que, antes de tudo, "ninguém deveria ficar doente". Depois, persistia na construção de uma imagem mental forte, fazendo o paciente afirmar diariamente:

Todos os dias, de todas as maneiras, estou melhorando cada vez mais.

O francês ensinava que o subconsciente, que controla o corpo, expressa-se mais rapidamente em imagens mentais. Ao transformá-las, a pessoa consegue modificar o subconsciente e, consequentemente, o corpo que o abriga. Ele provou que a imaginação tem mais força que o desejo; quando a imaginação e o desejo estão em conflito, a imaginação sempre triunfa.

Portanto, se sua imaginação estiver projetando saúde, é possível que a saúde se manifeste em seu corpo independentemente do diagnóstico contrário ou de um histórico prévio de doença. Sabendo disso, você deve se imaginar íntegro e saudável. O poder de raciocínio do desejo pode insistir que você não pode ser curado, mas não dê atenção. Se tiver coragem de imaginar a saúde constantemente, sua imaginação ficará livre para trabalhar na produção dessa saúde. Sua mente construirá e produzirá para você aquilo que ela projetar e esperar!

A cura de uma mulher com mais de setenta anos

Esta fórmula simples tem um incrível poder de cura. O uso deliberado e construtivo de sua imaginação pode produzir mudanças maravilhosas em seu corpo.

Uma mulher sofreu durante longo tempo com desagradáveis problemas de saúde, nem mesmo tratamentos médicos sofisticados conseguiam resolver. Finalmente, ela começou a ler sobre a Verdade e percebeu que somente poderia se recuperar depois de contemplar uma imagem de saúde. Para "conceber" a saúde mentalmente, ela fez muitas coisas:

Parou imediatamente de falar sobre as dores e os sofrimentos. Começou a ler vários livros sobre cura. Passou a fazer exercícios físicos; experimentou uma dieta nova; voltou a tomar as vitaminas que o médico tinha receitado. Procurou o equilíbrio entre trabalho, lazer e descanso. Começou a trabalhar diariamente no jardim para tomar sol e respirar ar puro. Dessa forma, estava concebendo mental e intencionalmente a imagem da saúde.

Em seguida, ela fez uma roda da fortuna, projetando uma vida ativa e saudável. Olhando para sua roda da fortuna diariamente, ela proclamava:

Sou filha de Deus radiante. Agora minha mente, meu corpo e minhas questões manifestam a sua perfeição radiante.

Começou a elogiar seu corpo. Também não deixava de elogiar os outros, em vez de enfatizar seus defeitos. Passou a se relacionar com amigos e parentes, que eram saudáveis e positivos ao se referirem à saúde. Desligou-se de uma organização cujos membros passavam a maior parte do tempo de suas reuniões discutindo dores e sofrimentos.

Não deixava de planejar com antecedência as atividades das quais gostaria de participar: peças de teatro, filmes, concertos, exposições de arte, jantares, reuniões na igreja. Isso a ajudava a se imaginar saudável para comparecer aos eventos programados.

Ela consagrava constantemente seu corpo à saúde e sua vida à "atividade divina". Agradecia diariamente sua integridade e bem-estar.

Ao trabalhar intencionalmente para estabelecer a imagem mental de saúde, vida e atividade, substituindo as antigas crenças no cansaço, doença, velhice e inatividade, as imagens mentais assumiram o controle de seus pensamentos, emoções, corpo e vida. Ela ficou "impregnada" da imagem de saúde.

Em apenas algumas semanas, sua vida começou a refletir as maravilhosas imagens de saúde e felicidade projetadas na roda da fortuna. Mais tarde, ela começou uma nova carreira. Apesar de estar com mais de setenta anos quando começou a projetar uma forma de vida saudável, ela comprovou que, com o uso intencional e construtivo da imaginação, é possível operar mudanças maravilhosas no seu corpo e na sua vida.

Não há nada de novo nesta técnica

Não há nada de novo nesta teoria. Há muito tempo, a humanidade sabe que, para receber, você precisa primeiro conceber ou imaginar seus desejos.

O homem pré-histórico gravava as imagens dos alimentos que desejava nas paredes da caverna. Ele acreditava que, se olhasse frequentemente para as imagens, o Poder Invisível atrairia o alimento para perto dele na forma de caça, peixe ou ave. Isso sempre acontecia.

Cerca de 2.500 anos atrás, durante a era dourada da Grécia, os gregos educados usavam essa lei mental e rodeavam as mulheres grávidas de belas imagens e esculturas, para que as crianças recebessem imagens de saúde e beleza por meio da mãe.

Como o príncipe corcunda ficou ereto

Uma antiga fábula ensinou a lei da imaginação da cura durante muitos séculos:

Era uma vez um príncipe corcunda, que não conseguia ficar ereto. Certo dia, ele convocou o escultor mais talentoso de seu reino, pedindo que fizesse uma estátua sua, fiel em todos os detalhes, com exceção de um. A estátua deveria ter a coluna ereta. O príncipe explicou ao escultor: "Quero me ver como deveria ser".

Quando a estátua ficou pronta, o príncipe ordenou que fosse colocada em um canto secreto do jardim do palácio, onde apenas ele pudesse vê-la. Todos os dias, ele escapava de seus deveres para ficar olhando para a estátua por um longo tempo, prestando muita atenção na coluna ereta, na cabeça erguida e no porte majestoso.

Passaram-se dias, semanas, meses e anos. Até que um estranho rumor se espalhou pelo país: "O príncipe não tem mais as costas curvadas. Agora, nosso príncipe parece um homem poderoso". Quando esses rumores chegaram aos seus ouvidos, o príncipe, com um estranho sorriso, foi até o jardim onde estava a estátua. E viu que era verdade! Sua coluna estava tão reta quanto a da estátua. Sua cabeça exibia o mesmo porte nobre. Ele se tornou o homem saudável que a escultura representou muito antes de sua transformação.

A Bíblia contém histórias mostrando como o poder de imaginação da mente pode ser usado para curar. Entre as mais conhecidas está a cura do homem cego de nascença realizada por Jesus (João 9); e a cura do mendigo, aleijado desde o nascimento, realizada por Pedro (Atos 3). Meu livro *Leis dinâmicas da prosperidade* explica como a imaginação ajudou a curá-los.

O segredo está na intensidade

A imaginação é o poder de reunir os pensamentos em novas e diferentes combinações e se apegar com tanta força a essas novas imagens mentais, que elas se manifestam no corpo. Uma amiga, a finada Reverenda Carol Marie Guental, ensinava sempre à sua congregação: "Se você consegue segurá-la (uma ideia, uma imagem mental) em sua mente, você pode segurá-la em sua mão".

Não é suficiente imaginar boa saúde despreocupadamente. Você precisa insistir na retenção dessa imagem. Como provou o príncipe da fábula, quando a imagem mental atinge certo nível de intensidade, a capacidade de imaginação irá materializá-la em condições físicas aperfeiçoadas. Portanto, a alma persistente é mais eficiente na comprovação da lei da cura pela imaginação.

Certa vez, um famoso matemático disse que as ideias são vagas, nebulosas e disformes, e geralmente permanecem assim, sem cumprir seu destino, a menos que ganhem forma e cor definidas pela capacidade da imaginação — descrita como "a tesoura da mente".

Quando ideias definidas são intencionalmente retratadas pela capacidade da imaginação, elas são capazes de tomar forma e se expandir como efeitos precisos na mente, no corpo e em todas as questões humanas. Você vivencia constantemente resultados que correspondem à intensidade de sua imaginação.

Muitas pessoas desistem com muita facilidade. Quando chegam a evocar a lei da cura pela imaginação, frequentemente o fazem despreocupadamente e ao acaso. Não é suficiente imaginar a cura. Você precisa se concentrar nessa imagem, excluindo todo o resto. Concentração significa foco, ou fixar sua mente em uma única ideia. Não há esforço nisso. Você simplesmente volta continuamente sua mente para a imagem de saúde que desejar. Dessa maneira, você alimenta continuamente os centros nervosos das células do corpo com a imagem mental de saúde. Uma vez que elas tenham uma imagem clara e definitiva para trabalhar, serão capazes de produzir efeitos maravilhosos. Por outro lado, as imagens mentais mornas e sem entusiasmo não têm intensidade, e seu poder de manifestação é limitado.

A resolução de problemas com infecções, com o cigarro e com o peso

No livro *Leis dinâmicas da prosperidade,* conto a história de uma dona de casa. Ela provou que a intensidade é o segredo do sucesso ao invocar a lei da cura pela imaginação.

Essa mulher sofria de uma infecção grave no joelho que, depois de muitas semanas, continuava inchado, infeccionado e muito dolorido. Sem garantia de uma cura permanente, ela decidiu evocar a lei da cura pela imaginação.

Todos os dias, ela se sentava calmamente durante algum tempo e dirigia a atenção, não para o joelho inchado, mas para o joelho saudável. Colocava a mão sobre o joelho saudável, agradecia por sua integridade e induzia uma forte imagem do joelho perfeito. Continuou a fazer esse exercício mental diariamente. Quando alguém perguntava sobre o joelho doente, ela transmitia a imagem da cura, respondendo sempre que seu joelho estava se recuperando bem, apesar de, naquele momento, isso ser uma mera declaração de fé.

No começo, parecia que nada mudava no joelho infeccionado, mas ela persistiu em imaginá-lo bem. Uma manhã, ao acordar, depois de semanas de dor e inchaço, percebeu que o inchaço tinha desaparecido durante a noite, o joelho tinha perdido a aparência de anormalidade e tinha novamente o tamanho normal. Depois de um exame acurado, a região parecia ter sido furada em vários lugares e a substância tinha simplesmente escapado. Seu marido, um homem de negócios de sucesso, confirmou essa experiência. Ambos comentaram como o médico ficou encantado ao examinar o joelho e percebeu que uma cura incomum tinha acontecido.

A lei da cura pela imaginação pode ser usada para enfrentar com sucesso todos os tipos de problemas.

Três homens de negócios usaram esse método para parar de fumar; uma mulher superou uma paralisia; um homem de negócios perdeu dezoito quilos; uma dona de casa ajudou o marido a se curar do alcoolismo. Existem incontáveis histórias que relatam o sucesso financeiro alcançado por essa técnica.

No livro *The prosperity secrets of the ages* há histórias que contam como casamentos, adoção de crianças, venda de propriedades, viagens internacionais e ajuda familiar foram obtidos por meio da imaginação.

Cuidado com imagens destrutivas

Você deve estar atento aos seus pensamentos profundos e secretos. Por meio deles você constrói imagens intensas que moldarão sua vida de forma destrutiva ou construtiva.

Havia uma dona de casa frustrada que não se dava bem com o marido. Ao tomar conhecimento do poder da imaginação, ela decidiu secretamente que a melhor saída para seu dilema era imaginar o marido morto. Nos recônditos mais profundos de sua mente, ela começou a trabalhar com grande intensidade nessa imagem mental.

Quando começou a usar sua mente de maneira destrutiva, aquilo que tinha imaginado para o marido começou a acontecer com ela! Só depois de adoecer gravemente, percebeu o que tinha feito. Então, pediu silenciosamente o perdão do marido e começou a acalentar pensamentos saudáveis novamente. Ela recuperou a saúde e aprendeu uma valiosa lição:

Você pode atrair para si qualquer coisa que imaginar. Mas, se utilizar mal seus poderes de imaginação e projetar destruição para outra pessoa, estará atraindo a destruição para sua própria vida. O que você imaginar para o outro pode acontecer com você, portanto, tenha cuidado.

A capacidade humana de produzir imagens estava sujeita às advertências dos legisladores de Israel. Muitas punições foram dirigidas aos "trabalhadores da iniquidade", que propositadamente produziam imagens falsas.

A anulação de imagens doentes traz a cura

Talvez você se pergunte como, às vezes, desenvolve doenças que não imaginou conscientemente.

Quando você conecta o seu pensamento com uma atmosfera doente de qualquer tipo, você se torna suscetível aos efeitos dessa atmosfera, que pode conter inúmeras doenças das quais não se tem consciência.

Por isso, não é sensato escutar as descrições de doenças de outras pessoas, ou então encher sua mente com ideias sobre doenças, mesmo de forma impessoal. Sua imaginação leva a sério e começa a produzir essas doenças em você.

Raiva, ciúmes, possessividade, ressentimento, condenação, ódio e pensamentos negativos de qualquer tipo formam os germes da doença. O pensamento negativo contínuo produz enorme cadeia de germes da doença que envenenam o organismo, ao ser liberada num fluxo poderoso.

Por exemplo, o medo gera doença porque produz uma impressão no subconsciente, parte da mente que controla muitas funções corporais. A menos que o medo seja removido, você ficará suscetível às doenças que teme.

Felizmente, assim como pode ser usada para produzir enfermidades, a imaginação também pode ser usada para suprimi-las. Quando você para de alimentar ou nutrir seus medos, recusando-se a pensar, falar ou ouvir qualquer coisa que se relacione a eles, você libera sua mente dessas doenças e, portanto, anula suas formas de pensamento na imaginação. Quando a imagem desaparece da mente, o seu equivalente físico desaparece do corpo. A cura permanente geralmente começa com a extinção das imagens da doença na mente.

Isso foi comprovado no caso das verrugas. Sempre foi um mistério para a maioria das pessoas como as verrugas geralmente desaparecem em poucos dias quando você deseja o fim delas. Ao fazê-lo, você está consciente ou inconscientemente permitindo que a imagem que as mantém vá embora.

É quando começa a se ver livre do problema. A imagem das verrugas desaparece de sua mente e, com ela, o efeito que elas tinham produzido no seu corpo.

Como ele estendeu a vida em quarenta anos

Charles Fillmore provou que, quando a pessoa para de alimentar e nutrir imagens negativas, ela se liberta de seu efeito no corpo. Quando o senhor Fillmore estava com quase cinquenta anos, ele escreveu:

"Há três anos, a crença na velhice começou a tomar conta de mim. Eu estava próximo da marca do meio século. Comecei a ficar enrugado e grisalho, os joelhos trêmulos, e uma grande fraqueza me dominou. A princípio, não discerni o motivo, mas descobri nos meus sonhos que estava me relacionando com pessoas velhas e, aos poucos, foi ficando claro para mim que realmente estava velho.

Passei horas e horas afirmando silenciosamente minha união com a infinita energia do Deus único e verdadeiro. Aproximei-me dos jovens, dancei com os rapazes, cantei com eles e, durante um tempo, assumi a frivolidade de uma criança despreocupada. Dessa maneira desviei a corrente de pensamento da velhice.

Depois, fui fundo no meu corpo e conversei com os centros vitais interiores. Falei com firmeza e decisão que não me submeteria ao demônio da velhice, que estava determinado a não desistir. Aos poucos, senti uma nova corrente se erguendo do centro vital. No começo, era um fluxo fraco e pequeno, demorou meses até que ele chegasse à superfície. Agora está crescendo em grande velocidade. Meu rosto ficou preenchido, as rugas e os pés de galinha desapareceram e, na verdade, sinto-me como o menino que sou."

Mais tarde, com 65 anos de idade, o senhor Fillmore ficou tão seriamente doente, que as pessoas próximas não viam como poderia sobreviver. Ele não conseguiu trabalhar durante meses. Porém, como continuou a afirmar e se apegar à imagem da saúde, saiu da enfermidade quase fatal com o vigor renovado e viveu quase trinta anos mais. Essas últimas três décadas estão entre as mais movimentadas de toda a sua vida.

Acelere sua cura

Você pode precipitar, e mesmo acelerar, bastante a cura por meio da imaginação. Para isso, sugiro que faça uma roda da fortuna da saúde e olhe para ela diariamente, seguindo as instruções dadas em *Leis dinâmicas da prosperidade*[14]. Assim como a mulher de setenta anos que mencionamos anteriormente neste capítulo, faça tudo possível para construir e viver sua imagem de saúde agora. Você deve imaginar sempre o melhor, melhor ainda do que você está agora!

Recentemente conheci uma mulher que me contou que várias pessoas de sua família vivenciaram curas milagrosas depois que ela fez e usou secretamente uma roda da fortuna da saúde para eles. Portanto, seu poder de imaginação também pode vir a ser uma bênção para os outros. Por que não provar que o uso contínuo da imaginação é poderoso o bastante para criar quaisquer coisas boas?

---

14 Veja também nos livros da autora: *Abra a mente para a prosperidade*, Editora Pensamento, capítulo 4, e *Segredos da cura de todos os tempos*, Editora Vida & Consciência, capítulo 7.

11.
A lei mística da cura

Uma mulher doente lamentava: "Todos os meus problemas giram em torno dos outros. Se eu não tivesse que viver em um mundo de pessoas, eu não teria problemas".[15]

Uma pessoa doente é uma pessoa infeliz, que geralmente tem problemas de relacionamento. Os problemas de saúde indicam "problemas com pessoas".

Porém, para você que tem problemas de saúde que se originaram das preocupações com pessoas difíceis do seu convívio, a lei mística da cura pode ser a salvação.

Uma das lições básicas da psicologia é que todos os ambientes, todas as circunstâncias, condições e pessoas que estão próximas a você existem primeiro como ideias em sua própria mente. Um dos maiores segredos para estabelecer relacionamentos saudáveis é aprender a remover de seu próprio pensamento ideias desarmônicas sobre as pessoas.

As grandes mentes de todos os tempos sabem que, se você lidar bem com seu pensamento, as pessoas ao seu redor

---
15   Veja o capítulo 5, "O dom de mudar sua atitude em relação às pessoas", no livro da autora, *Abra sua mente para receber,* Editora Vida & Consciência, 2010.

responderão com atitudes e condições certas, tanto se harmonizando com seu meio, como saindo de sua vida, encontrando seu bem-estar em outro lugar.

Eu gostaria de compartilhar um método especial, que vai ajudá-lo a lidar corretamente com seu pensamento na relação com o outro. Essa técnica mística pode adicionar anos à sua vida, pois vai aliviá-lo de preocupações e atritos desnecessários. Poderá operar milagres na sua vida. Poderá até transformar inimigos em amigos. E certamente contribuirá bastante para sua saúde mental e física.

Como este método funciona

Você pode aplicar a lei mística da cura secretamente — com palavras. As palavras verdadeiras são anjos. As palavras verdadeiras estão vivas, têm poder. As palavras verdadeiras produzem saúde e harmonia. Existe uma maneira definida para aplicar as palavras e produzir efeitos harmoniosos.

Os antigos percebiam que cada pessoa tem um anjo ou um ser superior. Eles sentiam que, quando você não alcança esse ser superior pelo raciocínio ou mesmo através dos métodos comuns de oração, você pode alcançá-lo por meio da escrita. Eles acreditavam que o anjo da Presença de Deus é uma Presença milagrosa, que está à disposição de todos. Ao escrever para o anjo de uma pessoa, você estabelece em seu pensamento um sentimento harmonioso com aquela pessoa. Em vez de continuar a vê-la como uma pessoa "com chifres", você vai considerar que ela também tem um ser superior e espiritual, que pode ser alcançado e responder harmoniosamente. Jesus descreveu esse ser superior no homem como "o reino de Deus que está no meio de vós" (Lucas 17: 21). Paulo o descreveu como "o Cristo em vós, a esperança da glória" (Colossenses 1: 27). Abraham Lincoln falou dele como "os melhores anjos de nossa natureza".

Quando você começa a pensar numa pessoa difícil a partir desse lugar privilegiado, você irradia pensamentos de harmonia e boa vontade para o subconsciente dessa pessoa, que também reconhece e, consequentemente, traz à consciência a própria natureza superior dela, que Jó descreveu como "um espírito no homem" (Jó 32: 8).

Existe algo nas palavras escritas que vai além dos bloqueios emocionais da vaidade, do ego, do orgulho, da decepção, da argumentação intelectual, da mágoa, da inferioridade, que atinge profundamente o bom senso de tais pessoas, penetrando em sua natureza espiritual.

Jovem médico comprova o método

Apesar de todas as religiões e culturas sempre ensinarem que a palavra tem poder, muitas culturas perceberam que a palavra escrita tem um poder especial. João, no livro do Apocalipse, fala em escrever para os anjos de sete igrejas (Apocalipse 2 e 3). Aqui, a palavra "igreja" simboliza o ser superior ou a consciência espiritual da pessoa. As sete igrejas, para as quais João escreveu, simbolizam os sete tipos de pessoas que podem ser alcançadas ao escrever para os seus anjos, sempre que parecer impossível tocá-las de outras maneiras.

Conheço várias pessoas que usaram esse método místico de cura para tocar pessoas difíceis e afastar a desarmonia, que algumas vezes já existia havia muito tempo. Claro que a própria saúde, o bem-estar e a felicidade delas melhoraram.

Um jovem médico soube dessa técnica mística e a utilizou com grande proveito. Durante alguns meses, ele esteve em desacordo com outro médico e tentou de todas as formas que conhecia restaurar a harmonia, mas o outro recusou seus pedidos de reconciliação. Esse homem começou a escrever diariamente para o anjo de seu ex-amigo, pedindo que o perfeito entendimento fosse restabelecido. Algumas semanas depois, encontrou o amigo médico na rua e, para sua surpresa, ele o cumprimentou com entusiasmo e o convidou para almoçar! A amizade foi reatada e continuou sem problemas desde então.

A palavra *escrever* significa "esculpir", "formar", "produzir uma impressão profunda e permanente". As palavras escritas fazem exatamente isso: elas produzem uma impressão permanente nos éteres do universo e, consequentemente, geram resultados positivos a partir deles.

As palavras escritas são um excelente método de cura, porque também causam uma impressão profunda na consciência daqueles para quem são escritas. Muitos casos de enfermidade e desarmonia seriam resolvidos calmamente se alguém escrevesse palavras boas sobre as pessoas e situações envolvidas.

Depois de mencionar apenas brevemente essa técnica de escrever para o anjo em *Leis dinâmicas da prosperidade*, fiquei espantada com a quantidade de correspondências que recebi de muitos leitores, que testaram a técnica e comprovaram seu poder para conseguir a harmonia com as outras pessoas. Eles ficaram tão impressionados com os resultados de seus esforços, que solicitaram instruções mais detalhadas que pudessem capacitá-los a aplicar a lei mística da cura com uma sabedoria ainda maior.

Os sete tipos de pessoas que você pode influenciar mais facilmente ao escrever para seus anjos são:

Primeiro: como influenciar o tipo irritável

Escreva para o anjo da igreja de Éfeso (Apocalipse 2: 1)

A palavra *Éfeso* significa "desejável", "atraente". Você conhece pessoas atraentes que são difíceis de serem influenciadas. Elas têm uma vida aparentemente estimulante. São emotivas, adoram se divertir, seu gosto é teatral e são dramáticos em tudo que fazem. Paulo passou três anos pregando a

Verdade em Éfeso, porque percebeu que era difícil alcançar e ajudar pessoas desse tipo.

Essas pessoas têm uma aparência agradável. Elas vivem além de suas posses e têm problemas financeiros, bem como de saúde. Seus problemas de saúde geralmente se localizam no gânglio nervoso situado na cavidade estomacal, que controla e administra todos os órgãos relacionados com a digestão e a assimilação.

Os filósofos, como Darwin e Spencer, disseram que o desejo é a origem de toda estrutura corporal. Eles alegam que o desejo contrai as células protoplasmáticas que compõem o estômago da maioria das formas de vida primitivas. O desejo é o outro nome para o pensamento construtivo. Quando o desejo é construtivo, ele produz células saudáveis no estômago e na região abdominal. Quando é destrutivo e carregado de emoções negativas, ele provoca todos os tipos de problemas de saúde nessa região. Portanto, quando você escrever para o anjo de um efésio com problemas de saúde, nunca se esqueça de abençoá-lo com o "desejo divino". Escreva afirmações como estas:

Eu o abençoo com o desejo divino e a satisfação divina. Agora, você está preenchido pelo amor divino. Agora, a saúde e a harmonia foram introduzidas em sua mente, em seu corpo e em seus negócios.

Uma coisa maravilhosa de ser lembrada sobre as pessoas dessa categoria que você está tentando ajudar é que elas têm um desejo intenso de obter maiores benefícios para suas vidas e responderão inconscientemente ao pensamento: "desejo divino e satisfação divina", uma vez que é isso que elas realmente querem.

Apesar de parecerem inconstantes, elas são fáceis de conhecer, têm uma personalidade agradável e disponível, estão interessadas nas melhores coisas da vida. Ao escrever para o ser superior, declarando a Verdade sobre elas, você alcança esse aspecto mais profundo de sua natureza, e elas respondem alegremente.

Na realidade, nesse tipo não ocorre um bloqueio emocional. Eles são bem receptivos. Este é um de seus problemas. Eles são receptivos para tantas coisas, situações e pessoas, que desperdiçam força espiritual e não realizam nada.

Como a autora cobrou uma dívida

Há muitos anos, quando eu ainda estava no mundo dos negócios, conheci um indivíduo desse tipo. Sua vida social era estimulante. Ele era emotivo e tinha uma tendência para o drama. Ele me devia por um trabalho que realizei para sua empresa. Vários meses se passaram e eu não tinha sido paga. Minhas cobranças pelo pagamento integral e imediato da dívida não trouxeram o resultado satisfatório.

Finalmente, lembrei-me da técnica de escrever para o anjo. Uma noite, já bem tarde, sentei-me e escrevi quinze vezes:

Para o anjo de fulano (nome da pessoa), eu o abençoo e agradeço por estar cuidando desse assunto financeiro prontamente, e por eu estar sendo paga integral e imediatamente.

O motivo de ter escrito essa declaração quinze vezes é que os antigos místicos acreditavam que o número quinze dissolve as adversidades e rompe as dificuldades.

Depois de escrever essa declaração, senti-me bem melhor sobre a situação e fui capaz de relaxar completamente a respeito do assunto. Dois dias mais tarde, meu amigo ligou para dizer que seu contador estava preparando meu cheque e eu o receberia pelo correio no dia seguinte. E foi o que aconteceu.

Segundo: como influenciar o tipo agridoce

Escreva para o anjo da igreja de Esmirna (Apocalipse 2: 8)
A palavra *Esmirna* significa "substância fluida", "doce",

"perfumada", "aromática". Também significa "amargura", "irritação", "lamento", "rebelião". Estas palavras descrevem bem esse tipo.

Assim como os efésios, os esmirneus têm uma aparência agradável. Eles também amam a exibição, a beleza, os ornamentos. Vivem além de seus recursos e geralmente têm problemas financeiros. Quando as coisas estão do seu jeito, são pessoas doces e harmoniosas. Porém, sua personalidade se inverte, e eles ficam rebeldes, amargos e reclamam muito da vida quando não conseguem o que desejam.

O significado metafísico da palavra *Esmirna* é "matéria" e, como o centro material do corpo está localizado no estômago, essas pessoas geralmente têm problemas gástricos. Como utilizam mal a substância de seus pensamentos e emoções com amargura, rebeldia e obstinação, seus sentimentos ácidos reagem com as substâncias químicas do organismo. Seu modo de vida dispendioso também desperdiça matéria financeira. Isso pode reagir sobre o centro material no estômago.

As pessoas desse tipo necessitam se livrar da teimosia a fim de que o plano divino para suas vidas possa se revelar. É bom afirmar para eles:

Agora não é o seu desejo, mas agora é o desejo de Deus que está sendo realizado, por seu meio e indiretamente por você. De bom grado, você realiza a vontade de Deus, para o seu bem supremo.

Para ajudar a elevar a substância de seus pensamentos e sentimentos, e o consequente reflexo sobre a saúde, escreva afirmações como estas:

Você está satisfeito com a substância divina. Agora, a substância divina está realizando seu trabalho perfeito em sua mente, seu corpo, seus negócios e relacionamentos. Agora, a substância divina cura você.

Como um homem conseguiu sua esposa de volta

Um homem de negócios estava em dificuldades com a mulher, que tinha se divorciado dele. Ele ficou amargurado, pois ainda a amava. Tentou conversar com ela sobre uma reconciliação, mas a esposa estava muito confusa, e ele não conseguiu convencê-la.

O marido soube do método místico da cura e ficou fascinado pela técnica. Percebeu que a mulher era do segundo tipo. Sua aparência era moderna e ela gostava de um estilo extravagante e gracioso. Na verdade, esse assunto era um dos problemas básicos do casal. Seu gosto era muito caro para o bolso dele.

O marido começou a escrever para o anjo da esposa todas as noites, pedindo ajuda para consertar o casamento. Um dia, depois de ficar um tempo sem notícias da mulher, ela entrou em contato e, aos prantos, disse que o divórcio tinha sido um erro. Eles se casaram novamente, e esse homem manteve a paz e a harmonia com sua esposa, continuando a escrever secretamente para seu anjo.

Terceiro: como influenciar o tipo reservado e intelectual

Escreva para o anjo da igreja de Pérgamo (Apocalipse 2: 12)

A palavra *Pérgamo* significa "unido fortemente", "tecido intimamente". Esse é o tipo aristocrático, letrados, cientistas, artistas, amantes da sociedade e dos assuntos de estado, geralmente desdenhosos de assuntos espirituais, que acreditam apenas na razão.

Esse tipo é solidário, muito ligado à família e aos relacionamentos familiares, sociais, intelectuais e de negócios. Os pergamenos desconfiam de pessoas e ideias novas e de novas maneiras de fazer as coisas. Não querem que nada ou ninguém interfira em suas vidas e teorias bem estruturadas.

Pérgamo simboliza metafisicamente a consciência intelectual do homem, que é preenchida pela inteligência, mas está sempre próxima da sabedoria superior da compreensão divina e da intuição.

Como o centro da compreensão divina no homem está localizado na testa, bem acima dos olhos, esse tipo geralmente tem dores de cabeça e problemas oculares. Como eles veem a vida do ponto de vista humano e sob a ótica da razão, sua visão limitada se reflete nos olhos e em outros problemas nessa região do corpo.

Quando você escreve para esse tipo, não deixe de abençoá-lo com a inteligência divina:

Agora, você está deixando a inteligência divina se expressar perfeitamente por meio de você. Você vê com os olhos do espírito. Você tem visão ilimitada para ver e experimentar o bem. Agora, você está aberto e receptivo para seu bem maior, na forma de novas ideias, nova compreensão, novas experiências.

Como ele teve êxito no casamento em uma família muito unida

Esse jovem se apaixonou e decidiu se casar. Mas a garota escolhida vinha de uma família muito unida, que não queria liberá-la emocionalmente. Esse grupo familiar desconfiava de pessoas novas e de novas maneiras de fazer as coisas. Na verdade, eles se uniam fortemente contra a invasão de qualquer coisa nova em suas vidas. O jovem percebeu que, do ponto de vista humano, parecia impossível tentar conquistar a moça, mesmo que ela também estivesse apaixonada por ele.

Foi nessa ocasião que ele conheceu a lei mística da cura. Ele escreveu imediatamente para o anjo da moça e para o anjo da família dela, proclamando sua libertação emocional, um casamento feliz para ambos e pedindo que, por meios divinos, a família se adaptasse bem à mudança.

Todas as noites, durante alguns meses, ele continuou a praticar a técnica de escrever para o anjo, sem resultados visíveis. Então, de repente, tudo mudou. Ele conseguiu perceber uma liberdade que não existia antes. Ele fez o pedido e se casou logo. Mesmo que a família tenha precisado de um tempo para aceitá-lo e recebê-lo emocionalmente, finalmente o fizeram de coração aberto. Até esse ponto, ele continuou a escrever para o anjo.

Quarto: como influenciar o tipo briguento

Escreva para o anjo da igreja de Tiatira (Apocalipse 2: 18)

Tiatira significa "impetuoso", "frenético". Esse tipo é entusiasmado, briguento e se ofende facilmente. Eles têm ideais maiores que sua capacidade interior de produzir resultados. A decorrente frustração acaba em comportamento temperamental.

No sentido metafísico, a palavra *Tiatira* simboliza o desejo intenso da alma por expressões vitais elevadas. O centro do entusiasmo no corpo está localizado na parte posterior da cabeça e na coluna vertebral. Ao escrever para esse tipo, proclame "paz, equilíbrio e poder". Afirme que o entusiasmo está moderado pela sabedoria.

As enfermidades, dores e milhares de outras desarmonias que acontecem com esse tipo de pessoa são decorrentes do seu desejo desenfreado de fazer as coisas de um jeito rápido, frenético e dissociado da sabedoria. No processo, ele dispersa suas forças e desperdiça a substância de seus pensamentos e emoções. O desperdício se manifesta como desarmonia física e emocional.

Ao escrever para esse tipo, afirme:

Agora, você está abençoado com paz, equilíbrio e poder. Seu entusiasmo é moderado pela sabedoria. Você descansa e relaxa na sabedoria divina e o caminho é mostrado para você. Você é forte no senhor e no poder de sua força.

Como um tratamento cruel foi suprimido

Os habitantes de Tiatira geralmente se interessam por atletismo. Uma dona de casa descobriu que o instrutor da academia de esportes estava sendo cruel com seus alunos adolescentes. Apesar de seu filho e seus amigos estarem aborrecidos com o tratamento ríspido, não queriam que ela interferisse, achando que isso apenas deixaria o instrutor mais indisposto com eles. Essa mãe pediu que os adolescentes começassem a escrever todas as noites para o anjo do instrutor, afirmando um tratamento justo e mais compreensivo. E juntou-se a eles nesse projeto.

Durante algum tempo, os resultados não apareceram. Então, de repente, o instrutor comunicou que estava deixando o emprego por outro melhor em uma faculdade da vizinhança. Além de um aumento de salário, a nova colocação permitiria que ele tivesse tempo para trabalhar em seu mestrado, um antigo projeto.

A mãe percebeu que o comportamento cruel do instrutor provavelmente estava relacionado à sua própria frustração e insatisfação com o emprego. Por isso, ele era briguento, suscetível a comentários e cruel com as pessoas ao seu redor.

O resultado final do projeto de escrever para o anjo foi que o filho dessa mulher ganhou um troféu da academia que tinha a figura de um anjo em cima!

Quinto: como influenciar o tipo medroso

Escreva para o anjo da igreja de Sarde (Apocalipse 3: 1)

A palavra *Sarde* significa "príncipe da alegria". Esse é o tipo tímido e apreensivo. Eles são devotados ao corpo: têm medo de correntes de ar, acidentes e inclusive daquilo que comem. Estão sempre em busca de conforto, maciez e coisas prazerosas para o corpo. Nenhum livro, aula ou instrução parece debelar seu medo, mas a escrita para os anjos traz à tona seu espírito corajoso, confiante e audacioso, de maneira que eles se tornam, como a palavra *Sarde* sugere, "príncipes da alegria" e do poder.

Esse tipo está sempre mudando de ideia. Em termos de saúde, o centro de poder localizado na garganta é seu ponto fraco. Sempre que fica com medo ou aborrecido, ele desenvolve dores de garganta, resfriados, perda de voz e outras congestões nessa região.

Esse tipo de indivíduo tem grande potencial para se tornar uma pessoa poderosa no campo profissional. Você desperta esse centro de poder dentro dele, trazendo-o à vida, por meio da escrita para o anjo. Isso traz a estabilidade e a coragem de que ele precisa para expressar seu potencial.

Para o tipo de Sarde, escreva:

Todo poder lhe é dado para a mente, o corpo, os negócios e relacionamentos. O poder de Deus está trabalhando através de você, para libertá-lo de toda influência negativa. Nada pode escravizá-lo. Você tem todo o poder para controlar seus pensamentos, para vitalizar seu corpo, para alcançar o sucesso, para abençoar os outros. Agora, você libera seus poderes divinos. Você sabe o que fazer e faz!

Como ele concluiu um antigo assunto comercial

Um homem de negócios estava em dificuldades, tentando concluir um assunto comercial. Era uma pendência de muito tempo. Todos os envolvidos estavam de acordo e queriam o assunto resolvido, com exceção de um homem, que sempre mudava de ideia. Ele estava inseguro com todos os aspectos da situação.

O executivo, que queria concluir o negócio, ouviu falar do método da escrita para o anjo e percebeu que a pessoa que vivia mudando de opinião era desse tipo, tímido, apreensivo, medroso e inseguro. Ele escreveu para o anjo desse homem, pedindo que o negócio chegasse logo a uma conclusão adequada, e todos os envolvidos ficassem satisfeitos e se sentissem abençoados.

Alguns dias depois, o homem que tinha protelado por tanto tempo visitou o executivo e lhe disse: "Venha ao meu escritório amanhã de manhã, e os papéis estarão prontos para ser assinados". Depois acrescentou, como se fosse sua ideia: "Esta situação se prolongou demais, e eu estou ansioso para concluí-la".

Sexto: como influenciar o tipo altruísta

Escreva para o anjo da igreja de Filadélfia (Apocalipse 3: 7)

A palavra *Filadélfia* significa "amor entre irmãos", "amor fraterno", "amor universal". Esse tipo fala da fraternidade dos homens, mas, para eles, o amor está relacionado apenas com trabalhos externos, em vez de uma consciência de amor e paz interior.

Eles são os filantropos da humanidade. As organizações comunitárias, clubes, irmandades, grupos cívicos, igrejas, estão repletas de pessoas que buscam dar e receber amor fraterno. Os filadelfenos têm a tendência de expressar amor apenas no nível pessoal e geralmente ficam esgotados em trabalhos solidários. Trabalham para "o olhar do outro", e Jesus advertiu contra essa postura.

Esse tipo de amor geralmente é dominado pelo egoísmo, em vez de altruísmo. Quando eles sentem que seus esforços estão sendo menosprezados, seus pensamentos e ações ficam desprovidos de afeto. Então, a competição, o ódio e a hostilidade tomam conta, e o centro do amor, localizado no coração, é afetado. É por isso que os problemas cardíacos sempre acontecem com o ocupado, tipo "dedicado ao amor".

Ao escrever para os filadelfenos, proclame que eles se tornem amorosos em seus pensamentos, já que esse é o lugar onde todo amor verdadeiro começa:

Você é a perfeita expressão do amor divino. O amor divino transforma você. O amor divino preenche seu coração com harmonia e sua mente com a paz. Você é amado e estimado por Deus e pelos homens.

Se perceber que faz parte de um grupo ou organização, em que o trabalho solidário não esteja em equilíbrio com uma consciência interior do amor, você pode escrever para o anjo dessa organização, pedindo que o amor divino se revele nos pensamentos e nas ações do grupo. Ao fazê-lo, aquelas pessoas que não estiverem em sintonia com o amor divino desaparecerão do grupo e surgirão as que estão em sintonia com seus objetivos e propósitos. Dessa maneira calma e secreta, a harmonia interna e externa pode ser restabelecida e mantida, para o bem de todos os envolvidos.

Como ele resolveu a desarmonia da organização

Um executivo se viu no meio de uma desarmonia em sua organização. Ele não tinha exatamente certeza sobre quem responsabilizar pelo comportamento crítico, de desavença, encontrado no grupo. Tentou vários métodos para restabelecer a harmonia, mas o grupo continuava desinteressado, crítico e discordante.

Desesperado, começou a escrever diariamente para o anjo da organização, pedindo ajuda para restaurar a consciência do amor. Assim, ele escreveu: "Passo esta responsabilidade para o anjo do amor divino. Agora, o anjo do amor divino vive nesta situação e em todas as pessoas relacionadas com esta organização. Agora, o anjo do amor divino reina supremo".

Logo, vários trabalhadores voluntários pediram demissão e deixaram a organização. Ao mesmo tempo, apareceram novas pessoas, dispostas a contribuir de forma harmoniosa para o progresso da organização. Depois disso, estabeleceram-se a paz e o progresso duradouro.

Sétimo: como influenciar os tipos instáveis

Escreva para o anjo da igreja de Laodiceia (Apocalipse 3: 14)

A palavra *Laodiceia* significa "justiça" e "julgamento". Esse tipo geralmente tem um complexo de injustiça. Eles são instáveis, apreensivos e inconstantes; são os caminhantes em busca de novas doutrinas e lugares. Eles mudam constantemente suas crenças religiosas e visões políticas. São incansáveis, críticos e temperamentais. Frequentemente reclamam que foram ofendidos e abusados.

Você vai encontrar esse tipo de pessoa indo de um emprego para outro, de um clube para outro, de uma igreja para outra e, algumas vezes, de um casamento para outro. Eles são os "sociáveis", nunca permanecem com nada o tempo suficiente para descobrir se é bom ou não.

Os problemas de saúde dos laodicenos se localizam geralmente no estômago e na região do plexo solar, onde fica o centro de julgamento do corpo. Considerando que as células dominantes de memória estão localizadas no estômago, e os laodicenos estão sempre relembrando suas experiências de injustiça, as "ofensas" recebidas na memória massacram o estômago. É por esse motivo que as pessoas com complexo de injustiça geralmente sofrem de problemas estomacais.

Ao escrever para esse tipo, confirme que a lei divina de justiça está realizando um trabalho perfeito em suas vidas, e eles estão sendo guiados divinamente para seus devidos lugares:

Sua justiça vem de Deus, e você confia nele para regularizar todos os seus assuntos. Agora, a justiça divina está harmonizando todas as funções do seu corpo e todos os detalhes de sua vida. Agora, você está sendo guiado para o lugar certo, onde está divinamente seguro.

O laodiceno responderá inconscientemente à elevada visão de justiça e estabilidade projetada para ele, devido à sua natureza altamente sensível e receptiva.

A importância da paciência e do segredo

Muitas vezes, ao escrever para o anjo de outra pessoa, você vai ter a impressão de que o método não está funcionando. De repente, tudo se arranja, as mudanças acontecem, e assuntos que pareciam destinados ao fracasso se esclarecem muito rapidamente.

Você deve escrever para o anjo do outro com a frequência que julgar necessária, até os resultados aparecerem. É bom endereçar suas comunicações: "para o anjo de 'nome da pessoa'", e depois solicitar ajuda para essa pessoa. Também é conveniente escrever as afirmações diretamente para a pessoa que você quer influenciar. Porém, seja discreto em relação ao que você está fazendo, visto que essa é uma técnica secreta, que só tem poder se for mantida em segredo. Depois de fazer suas anotações, queime ou lacre o papel, deixe-o em local seguro, enquanto aguarda os resultados em segredo. No devido tempo, não deixe de destruir as anotações, para que o segredo seja preservado.

Os resultados de recorrer ao anjo da guarda

A palavra *anjo* significa "mensageiro de Deus". Quando parece que sua vida está repleta de derrotas, ou quando está tentado a se condenar, não deixe de escrever para seu anjo. A função do anjo é protegê-lo, guiá-lo e orientá-lo. Permita-lhe esse nobre e sagrado privilégio.

Emma Curtis Hopkins escreveu em seu livro *High mysticism*: "O Anjo da Presença Divina acompanha todos os homens". Essa liderança superior é a herança de todos os homens. Ele não deve temer dias difíceis ou circunstâncias ruins quando sabe que o anjo de Deus olha por ele, advoga sua causa e o defende.

Diante dos desafios, diga para si mesmo:

Não tenho nada a temer. Meu anjo da guarda me acompanha, tornando meu caminho correto.

Também declare isso sempre para os outros.

Uma mulher de negócios estava preocupada com uma viagem para outra cidade, com a finalidade de fazer compras, pois teria que dirigir trezentos quilômetros, debaixo de chuva e nevoeiro, acompanhada pelo marido doente que não podia ficar sozinho. Uma amiga disse: "Você não tem nada a temer, pois o seu anjo da guarda estará ao seu lado".

Ao voltar da viagem, a mulher relatou: "Parecia que eu estava acompanhada por um anjo. Quando saí da cidade, o nevoeiro se dissipou, a chuva parou e o sol brilhou. Não houve mau tempo durante toda a viagem. Meu marido ficou animado e disposto. Financeiramente, havia tempo que não fazia uma viagem de compras tão rentável".

Nunca espere que seu anjo, ou o anjo de outra pessoa, honre quaisquer pedidos que possam ferir ou prejudicar. Fique preparado para que alguma coisa infinitamente melhor que aquela que você tem em mente se revele quando você utilizar a técnica de escrever para o anjo. Assim, você abre o caminho para que seu bem maior, e de todos os envolvidos, manifeste-se de maneira ilimitada.

Outros anjos específicos que podem ajudar

Os antigos hebreus achavam que Rafael era o anjo da cura. Algumas vezes você pode querer proclamar: "Arcanjo da Saúde, revele-se aqui e agora!" Da mesma maneira, você pode chamar o Anjo da Prosperidade ou o Anjo do Amor e da Harmonia.[16]

Um jeito poderoso de evocar a lei mística da cura é meditar sobre a promessa do salmista, acompanhante dos anjos: "Nenhum mal te sucederá, nem praga alguma chegará à tua tenda. Porque aos seus anjos Ele dará ordem a teu respeito, para te guardarem em todos os teus caminhos" (Salmos 91: 10,11).

---

16   Para informações adicionais sobre outros anjos específicos que possam ajudá-lo, veja o capítulo 5 do livro da autora, *The prospering power of love*.

12.
Quimicalização, um processo de cura

Certa vez, uma funcionária pública de uma cidade distante disse: "Eu tenho seu livro *Leis dinâmicas da prosperidade*, e é o melhor livro que li sobre o assunto. Trabalhei por um tempo com as leis que você descreveu, e elas trouxeram benefícios para minha vida. Mas, de repente, ando assustada e sem coragem. Nas últimas semanas, parece que tudo está do avesso. O que aconteceu?"

A mulher ficou aliviada ao saber que outra lei dinâmica estava operando por ela: a lei da cura pela quimicalização.[17]

Você já ouviu falar que algumas vezes as coisas têm de piorar para que possam melhorar. Na realidade, a fase de piora faz parte do processo de melhora e, na verdade, o que parece um fracasso é o princípio do sucesso em uma situação. Isso é quimicalização!

O pensamento correto produz uma mudança química

Certa vez, um médico me contou que costumava explicar o processo de cura para seus pacientes. Ele enfatizou

---
17 "Quimicalização" é a tradução literal de *Chemicalization*, palavra criada e utilizada originalmente pela autora para designar o processo de cura descrito neste capítulo.

que, depois de começar o tratamento, eles provavelmente se sentiriam pior antes de se recuperarem para sempre. Entretanto, não tinham nada a temer dessa experiência, pois, na verdade, poderiam até se alegrar caso começassem a se sentir mal, porque saberiam que isso seria um sinal de que estariam em processo de cura.

Você alguma vez colocou bicarbonato de sódio em um líquido e observou que acontece uma agitação? Uma das substâncias neutraliza a outra e alguma coisa melhor resultou dessa ação, certo?

É isso que geralmente acontece na mente e no corpo das pessoas quando começam a praticar intencionalmente as dinâmicas do pensamento positivo. Uma mudança química literalmente toma conta de seus pensamentos e sentimentos, que reflete no corpo e nas ações.

A pessoa pode sentir medo, ficar nervosa e agitada. Se já esteve doente, as antigas enfermidades podem reaparecer. Se já esteve mal psicologicamente, antigos desejos e hábitos podem assaltá-la novamente. Se a pessoa teve problemas financeiros anteriores, subitamente a situação pode parecer mais assustadora e sem esperança que nunca. Nos seus relacionamentos pessoais, pode parecer que todos se voltaram contra ela, e a desavença estará na ordem do dia.

O que aconteceu?

Essas pessoas simplesmente viveram anos com o pensamento errado e moldaram essas noções negativas sobre seus corpos e suas questões. Agora, elas começam a fazer uma inversão, pensando em termos de amor, louvor, perdão e libertação. Esses pensamentos opostos levam um tempo para ser assimilados pelo sistema e provocam um choque entre as formas antigas e novas de pensar, acarretando uma reação química na mente, no corpo e nas realizações.

Nessa hora é bom lembrar que um pensamento positivo é mais poderoso que mil pensamentos negativos e turbulentos.

A antiga maneira de pensar está de saída, não importa o barulho que faça durante o processo. Ela tem de ir embora! Mas, como esteve no controle por tanto tempo, não desistirá sem uma boa briga. Mesmo enquanto estiver se manifestando pela última vez, você saberá que ela está se rendendo incondicionalmente e logo terá partido completamente. Enquanto ela estiver tentando ocupar espaço, vai haver grande agitação.

Como enfrentar a quimicalização com sucesso

A quimicalização parece ser um processo negativo, mas na realidade é um processo muito positivo e natural. Mesmo sendo desconfortável, vale a pena passar por ele, pois é o sinal de que está acontecendo uma limpeza. Alguma coisa mais elevada e melhor sempre resulta dessa experiência.

Nesses períodos, lembre-se:

Não há nada a temer. Isso não é ruim. Apenas o bem está trabalhando nessa experiência. A cura está se instalando no meu mundo agora. Eu descanso, relaxo e deixo acontecer.

Quando você enfrenta a quimicalização dessa maneira, sem resistência, logo surgem condições mais favoráveis.

Emmet Fox descreveu o processo de cura pela quimicalização.

Parece que, de repente, tudo começa a dar errado. Isso pode ser desconcertante, mas na verdade é um bom sinal. Imagine os alicerces de seu mundo balançando. Fique firme e deixe balançar e, quando parar, o quadro terá se configurado em algo muito mais próximo de seu desejo.[18]

A quimicalização significa que as coisas estão funcionando melhor que nunca. Independentemente do que pareça estar acontecendo, ela não significa outra coisa. O surgimento de uma perturbação física ou mental, depois do uso intencional

---
18   *Around the year with Emmet Fox,* publicado pela Harper Bros. N.Y., 1952.

do pensamento positivo, é sempre um sinal de que o pensamento positivo está trabalhando, retirando o negativo, para que o poder positivo do bem possa dominar seu mundo totalmente.

Ao praticar as leis da prosperidade apresentadas nos meus livros *Leis dinâmicas da prosperidade* e *The prosperity secrets of the ages*, escrevendo fielmente seus desejos, fazendo uma roda da fortuna, ordenando que seu bem apareça, criando um plano diretor para o sucesso, pagando o dízimo e praticando as leis da cura apresentadas neste livro, evocando com fé o autocontrole, o perdão, a libertação e fazendo as afirmações de amor, gratidão etc., não se surpreenda se seu mundo começar a balançar!

Quando acontecer, diga para si mesmo:

Isso é bom! As leis estão trabalhando para mim de forma dinâmica. Apenas o bem dinâmico surgirá dessa experiência de limpeza.

Você está vivendo uma "limpeza geral": mental, emocional e talvez até física. Você se sentirá livre, aliviado e mais saudável. A purificação aperfeiçoa você e o seu mundo.

Como a quimicalização cura

Certa vez, ministrei quatro palestras sobre quimicalização, uma por semana. Durante essas quatro semanas, todas as pessoas presentes tiveram uma reação. As coisas ficaram tão alvoroçadas, que questionei se deveria continuar. Fico feliz por ter prosseguido, porque situações enraizadas há muito tempo vieram à tona na vida daqueles ouvintes. As condições arraigadas surgiram e depois desapareceram completamente.

Na minha lembrança, muito mais coisas se esclareceram para as pessoas naquele curto espaço de tempo do que durante outros seminários semelhantes, dos quais consigo me lembrar. Houve, no entanto, grande agitação no processo. Parece que a limpeza se deu de forma violenta, rápida e, depois, completa.

Uma mulher, que assistia àquela série de palestras, tinha problemas dentários e de gengiva havia muito tempo. Ela vinha tentando uma cura espiritual. Tinha medo de ir ao dentista porque sabia que ele insistiria em arrancar todos os dentes, e ela gostaria de salvá-los, se possível.

De vez em quando os dentes e a gengiva a incomodavam, mas, assim que aprendeu a afirmar saúde, obteve uma melhora. Depois, ela assistiu às palestras sobre quimicalização. Logo caiu de cama, porque a dor, o inchaço e a febre voltaram. Seu marido queria chamar o médico. Ela recusou, dizendo: "Não precisamos ter medo. Estou quimicalizando. Estou passando por uma cura completa da boca. Estou deixando que minhas palavras e os remédios do meu coração sejam aceitos em nome de Deus" (Salmo 51).

Essa mulher era muito crítica em relação às outras pessoas e sentia que suas palavras tinham alguma coisa a ver com o problema dentário. Durante algumas semanas ela ficou de cama várias vezes, mas passou pela experiência vitoriosamente. Os dentes e a gengiva ficaram completamente curados, e ela não perdeu os dentes.

Certa vez, um homem de negócios descreveu assim a quimicalização:

"Quando você está andando em marcha a ré, é difícil mudar a marcha sem arranhar a embreagem, ou sem que o carro dê um solavanco". No início do processo, quando você inverte o pensamento, lembre-se de que os estados mentais enraizados, rígidos e fixos, preenchidos com medos, preconceitos, teimosia, ciúme, ressentimento, incapacidade de perdoar e ódio, são incitados quando você começa a pensar melhor e de forma mais elevada. Esses estados mentais rígidos não gostam de ser interrompidos e dissolvidos, embora isso certamente acontecerá, na medida em que você persistir no pensamento correto e permanecer nesse movimento mental.

As surpresas da quimicalização

A quimicalização é um sinal de que as coisas estão funcionando melhor que antes, mas também traz outras surpresas. Você pode começar a trabalhar mentalmente para mudar seu pensamento sobre um determinado aspecto da vida e pode obter uma quimicalização em outra área, sem perceber a existência de uma correspondência mental.

Um destacado homem de negócios trabalhou exaustivamente durante anos em uma função bastante negativa e muito exigente. Há muito tempo ele desejava deixar esse campo, mas, como tinha uma família para sustentar, não sabia como fazer o rompimento. Durante algum tempo, enquanto rezava por isso e realizava um trabalho mental para se livrar do emprego e encontrar o lugar certo na vida, nada aconteceu.

Então, um dia, sua saúde deteriorou completamente. Teve de ser hospitalizado e depois passou por um longo período de convalescença. Ele sabia que de alguma maneira essa experiência era boa; poderia levá-lo até um bem maior. Após a sua recuperação, o médico o convenceu de que o retorno para o antigo emprego provavelmente o mataria.

Ele foi forçado a adotar um novo esquema de trabalho sazonal. Agora, ele trabalha cerca de seis meses por ano e, nesse período, ganha mais dinheiro que antes, quando trabalhava horas a fio durante os doze meses do ano.

No entanto, antes de melhorar, as coisas ficaram piores para esse homem e, mesmo que a quimicalização tenha trabalhado primeiramente em sua saúde, ela também o conduziu para um emprego melhor, mais prosperidade e maior liberdade em todos os aspectos da vida.

A quimicalização transforma quando um antigo conjunto de ideias, um antigo estilo de vida tenta permanecer, ao mesmo tempo que uma nova e melhor maneira de pensar e viver está tentando aparecer. Esse homem comprovou isso.

Qual a frequência da quimicalização?

Talvez você esteja se perguntando com que frequência uma pessoa passa pelo processo de quimicalização, e se todos têm essa experiência ao aperfeiçoarem o pensamento. Geralmente, ocorre uma grande quimicalização logo depois que a pessoa começa a elevar seriamente seu pensamento. Se ela não ficar amedrontada e continuar com a "iniciação", essa primeira grande quimicalização é geralmente a maior que ela vive.

À medida que a pessoa continua a mudar o pensamento, ocorrem cada vez menos quimicalizações, mas nenhuma é tão forte quanto a primeira. No devido tempo, a pessoa apaga os padrões de pensamento dominantes no subconsciente, até que as quimicalizações se tornem raras. A única exceção desse processo de troca é que, em geral, exatamente antes ou depois que você fizer seu plano diretor[19], ocorrerá uma grande quimicalização. Isso é necessário para libertá-lo de antigas maneiras de pensar e viver, para que o seu plano, que contém novos padrões de bem-estar, possa se realizar.

Todas as pessoas quimicalizam? Normalmente, em determinado grau, na medida em que os padrões de pensamento mudam e se aperfeiçoam. Assim como Jesus precisou passar pela crucificação (que simboliza a quimicalização e a eliminação da negação) antes que pudesse vivenciar a ressurreição, nós também precisamos passar pelo processo. Pessoas teimosas, categóricas e agressivas, de personalidade forte, com preconceitos arraigados, geralmente quimicalizam muito mais do que pessoas mais delicadas, menos resistentes e adaptáveis.

Primeiro passo da quimicalização: saturação

Depois de ter observado esse processo de limpeza funcionar na vida de inúmeras pessoas, estou convencida de que

---
19 Veja o livro daautora, *The prosperity secrets of the ages*.

existem quatro passos na quimicalização. Conhecendo esses passos, você os reconhecerá quando surgirem, será capaz de superá-los sem medo e, daí em diante, aceitará o grande aperfeiçoamento em sua vida.

    O primeiro passo da quimicalização ocorre quando você começa a ler, estudar, negar as limitações e afirmar um bem maior para sua vida. Quando atingir a saturação dessas ideias, virá a "agitação" das antigas ideias, relacionamentos, problemas de saúde, assuntos financeiros e lembranças infelizes do passado. Quando isso acontecer, não faça como a mulher que, quando começou a afirmar o bem e várias coisas começaram a provocar problemas em sua vida, ela interrompeu o trabalho mental. Mais tarde, voltou a fazer suas afirmações, e os problemas reapareceram. Desta vez, ela desistiu completamente. Ao fazê-lo, ela suspendeu seu bem, porque se recusou a passar calmamente pelo processo de limpeza que a levaria de um caminho de limitações para uma vida de extraordinário aperfeiçoamento.

    Quando o processo de "explosão" começar, não entre em pânico. Apenas alegre-se e agradeça, porque uma limpeza profunda está acontecendo, e este é o primeiro passo em direção a um bem maior. Enfrente a situação pacificamente e sem resistência, dizendo para si mesmo: "Nada disso me atinge" e "Isto também vai passar", enquanto continua a refletir e afirmar o bem. Dessa maneira você se tornará *vencedor*, e não *vítima* da quimicalização.

Segundo passo da quimicalização: comoção

    O segundo passo da quimicalização é o período em que as coisas ficam realmente emocionantes. A comoção se instala. Já passou o período da "explosão". Agora as coisas não estão apenas agitadas, elas sacodem e se rompem. Geralmente, essa é uma experiência ruidosa, quando todos se metem e têm algo a dizer.

    Essa é a crucificação (travessia) dos antigos e insatisfatórios padrões de pensamento, costumes da vida e dos relacionamentos que você deixou crescer demais. Portanto, você pode se preparar para a ressurreição gloriosa do novo bem que está a caminho!

Durante o período de transtornos e rompimentos, pode ocorrer a deserção de familiares, amigos e até dos recursos financeiros usuais. De qualquer modo, é um tempo de confusão, indecisão, falta de controle mental ou emocional. Você simplesmente não se sente no controle de seu mundo, porque, nesse momento, ele está oscilando e mudando. As antigas condições podem reaparecer e explodir no corpo e na mente. A falta de harmonia pode invadir os relacionamentos familiares. As condições difíceis podem contaminar os assuntos financeiros.

Certa vez, uma médica declarou que, sempre que começava a usar as afirmações de prosperidade, seu trabalho diminuía e seus pacientes deixavam de pagar as contas. Uma dona de casa escreveu que, sempre que usava as afirmações de prosperidade, provocava grande tumulto na família, apesar de ninguém saber o que ela estava fazendo.

Essas duas pessoas estavam vivendo o tumulto que surge no segundo passo da quimicalização. Elas foram aconselhadas a continuar a afirmar a prosperidade, calmamente, sabendo que, ao fazê-lo, o transtorno desapareceria, os pacientes pagariam, e a família ficaria mais harmoniosa que nunca. E foi exatamente o que aconteceu.

Quando o rompimento das limitações tem início em seu mundo, provocando agitação e tumulto, lembre-se de que é apenas um passo para o nascimento de um novo bem. A satisfação de seu desejo íntimo surge após essas experiências de ruptura e comoção. Portanto, não recue diante das aparências. Diga para a agitação: "Paz, tenha calma". E proclame para seus pensamentos aflitos:

Fique calmo e saiba que o grande bem está trabalhando nesta experiência. A cura está acontecendo. A extraordinária melhora está a caminho. A extraordinária melhora está chegando de fato e rapidamente a todas as minhas coisas.

A quimicalização dissolve um triângulo amoroso

Um homem estava envolvido com uma mulher casada. Ele a conheceu quando ela estava separada do marido, de quem estaria se divorciando. Ela parecia a mulher ideal. Seus interesses comuns e a compatibilidade propiciaram um namoro feliz.

O marido, porém, reapareceu, pediu que voltasse, e ela voltou imediatamente. Isso deixou seu pretendente com o coração partido.

Como o casamento não era feliz, depois do retorno, para se satisfazer emocionalmente, continuou a encontrar o outro homem. Ele estava tão apaixonado que não teve coragem nem força para romper o relacionamento, mesmo percebendo que nada de bom resultaria desse triângulo.

Foi nesse momento que o rapaz procurou ajuda e foi aconselhado a usar estas afirmações para conseguir uma solução perfeita:

Amor divino que se expressa através de mim, atraia para mim agora tudo de que preciso para ser feliz e ter uma vida plena. Agora, tudo que não é para o meu bem maior desaparece da minha vida rápida e harmoniosamente. O amor divino não pode ser negado para mim. O amor divino não pode ser tirado de mim. O amor divino é a primeira e única realidade na minha vida e se manifesta rapidamente de forma adequada, aqui e agora, produzindo resultados perfeitos.

Assim que ele começou a preencher sua mente com essas ideias, a quimicalização se instalou! Um amigo lhe confidenciou que sua amada não estava se encontrando apenas com ele extraoficialmente, mas também desfrutava da companhia de vários homens, sem o conhecimento do marido. Ele se recusou a acreditar até receber uma comprovação.

Esse acontecimento foi uma experiência de turbulência e ruptura para esse homem, fazendo com que ele se libertasse emocionalmente da mulher. Apesar de parecer uma experiência dolorosa, o tumulto que se seguiu também liberou muitas outras lembranças emocionais infelizes do passado.

Depois disso, ele se sentiu livre, aliviado e liberado de uma situação impossível. Foi aí que ocorreu uma grande melhoria: ele conheceu e logo se casou com a mulher de seus sonhos, ainda mais compatível, talentosa e adequada para ele que a antiga namorada. Contudo, esse grande progresso não aconteceu até que esse homem tivesse passado pela fase de comoção da quimicalização.

Terceiro passo da quimicalização: tranquilidade

Depois, vem o terceiro passo da quimicalização, quando as coisas ficam tão caladas quanto antes estiveram ruidosas. É um período de aparentes perdas ou fracassos, um período de ajuste, um momento de grande mudança. Um momento tranquilo que, a essa altura, lhe cairá muito bem!

Durante a fase de transição, se você confrontar silenciosamente a perda, o fracasso, a mudança ou a readaptação, lembre-se dessa grande verdade: quando parecer que uma pessoa que pensa positivamente está perdendo alguma coisa, é porque seu eu interior está abrindo caminhos para coisas melhores! Esse é o momento de se lembrar da antiga verdade, quando se vão os semideuses, chegam os deuses; quando os anjos se vão, chegam os arcanjos.

Desse modo, diante de períodos de perdas ou fracassos aparentes, depois que você adotou atitudes vencedoras, esse é meramente um período de transição de um bem menor para um maior. Enfrente-o com dignidade, esperando pelas grandes coisas que virão. Você não vai se desapontar. Não fique assustado nem desencorajado por causa disso, adiando seu plano diretor. Se uma bênção específica abandoná-lo, pode ser que você esteja satisfeito consigo mesmo e parou de crescer. Agora sua alma está alcançando uma expansão maior, e um vácuo teve de se formar para dar lugar a essa expansão.

Nesses momentos, se você não sair dos trilhos voluntariamente, depois que aprendeu o que é necessário para seu crescimento em uma dada direção, é como se aquela bênção preciosa se afastasse para dar espaço a um crescimento maior.

Qualquer coisa ou qualquer experiência que faz você crescer é o êxito e a cura acontecendo!

Você pode se sentir desprotegido e vazio durante a terceira fase da quimicalização, porque alguma coisa nova está nascendo em você, alguma coisa nova está acontecendo. Sua alma busca um crescimento maior, um bem maior. Alguma coisa se afastou de você para dar lugar às bênçãos maiores, que ainda estão a caminho!

Enfrente esse período tranquilo de transição, de aparentes perdas ou fracassos, dizendo para si mesmo:

Eu agradeço pela satisfação divina que está acontecendo agora. Um bem maior está a caminho. Agora, os desejos do meu coração estão sendo realizados e satisfeitos.

Deixe passar todas as ideias de perda ou de medo de perder. Perceba que qualquer coisa que tenha sido retirada de você será restituída divinamente. Ao deixar partir de sua vida aquilo que já se foi, você abre caminho para coisas melhores. Portanto, tente não fazer nada durante o período calmo de transição. Apenas fique quieto. Não fale das perdas ou fracassos aparentes que você acabou de vivenciar. Se outras pessoas tiverem consciência das mudanças que estão acontecendo em sua vida, declare confidencialmente:

Tudo está bem.

Diga sempre para si mesmo:

Eu deixo partir o que está indo. A restauração divina e a satisfação divina estão acontecendo.

Ao se prender a essas atitudes de cura, você será fartamente recompensado.

É imperativo que você fique tranquilo com tudo que lhe acontecer durante esse período, porque a sua consciência é como a de um recém-nascido, precisa ser protegida com serenidade a fim de que possa crescer forte em seu novo entendimento. Depois de um tempo, você começa a se sentir novamente no controle de sua mente. Um padrão divino para seu bem começa a se revelar. De repente, você pode ver por que tudo isso foi necessário.

Quarto passo da quimicalização: satisfação

Agora chegou a fase final da quimicalização. A princípio, esse também é um momento tranquilo. É o período em que os novos benefícios começam a aparecer no seu mundo, calma e satisfatoriamente. Não acontece nada espetacular. Eles se revelam naturalmente através de ideias e acontecimentos. Você reconhece a realização do seu sonho, enquanto isso se desenvolve.

Porém, em vez de gritar as boas-novas para o mundo, você provavelmente se surpreenderá com sua discrição. Você pode descobrir que, na verdade, não quer falar a respeito.

E você é sábio, porque seu bem recém-encontrado também precisa ser protegido, alimentado, fortalecido e abrigado do mundo. Quando você silenciosamente o alimenta, ele cresce forte, desenvolve-se e aumenta.

Certa vez, aconteceu algo que eu desejava havia tempo. Seu aparecimento em minha vida foi na verdade uma manifestação superior. Entretanto, descobri que, quando a manifestação realmente chegou, em vez de ficar profundamente animada, eu nem mesmo conseguia falar sobre ela. Eu estava grata e reconhecida, mas de alguma maneira não parecia apropriado discutir o assunto.

Na última fase da quimicalização, quando surge seu novo bem, se você falar dele com os outros, ele pode se dissipar e desaparecer. Você pode perdê-lo completamente. Portanto, fique quieto e deixe que ele cresça e se expanda. Com isso, não será necessário que você o "exiba" para o mundo. Sua presença em sua vida será óbvia o bastante.

Quando surgir a quarta fase da quimicalização, é bom afirmar suas novas bênçãos, proclamando com frequência:

Agora, a satisfação divina se manifesta em minha vida e nas minhas coisas, e tudo está bem. A satisfação divina agora me pertence.

Isso encerra e protege a sua manifestação. Você vai perceber que valeu a pena passar pelos outros três passos da quimicalização para alcançar o grau supremo do bem. Na verdade, se refletir sobre tudo o que aconteceu para que você chegasse a esse ponto, vai admitir que não perderia isso por nada; tudo valeu a pena.

Para você, a quimicalização confirmou um processo de cura, assim como uma bênção.

13.
A doação pode curar você!

Emerson disse: "É impossível para um homem ser enganado por alguém que não ele próprio". Se estiver com problemas de saúde, você enganou a si mesmo involuntariamente de alguma maneira.

A palavra *dar* em sua raiz significa "ter" ou "induzir a ter". A lei básica da vida é que você precisa primeiro dar antes de poder ter ou receber. Esta lei se aplica tanto à sua saúde quanto ao seu bolso. Doar pode torná-lo rico. A doação também pode curá-lo!

Ao doar, você libera a matéria represada em seus templos de pensamentos, sentimentos e organismo. Se a sua saúde não estiver boa, existe um bloqueio em algum lugar que está representando a força vital dentro de você. A doação libera esse bloqueio.

A carne, o sangue, os ossos, bem como os pensamentos e os sentimentos que os perpassam, estão preenchidos com a substância vibrante do universo. Essa matéria é a essência vital, pulsando vida e desejo para se expressar. A substância que abrange sua mente, seu corpo e suas ações busca constantemente expressar sua vida em atividade em você e no seu mundo. Quando lhe é permitido fazer isso consistentemente por meio da lei rítmica da doação e do recebimento, a ordem preenche sua mente, a harmonia completa seu corpo e suas ações, e o bem abundante atesta seu mundo.

Se você não permitir que a matéria do universo flua sistematicamente através de sua mente, seu corpo e suas ações, você entrará em desequilíbrio com o ritmo pulsante do universo. A congestão e o desequilíbrio vêm a seguir.

A congestão no corpo é sempre o resultado de uma paralisação em outro lugar, em outros setores de sua vida. A contenção da matéria provoca seu represamento dentro da pessoa, onde fica estagnada, estraga-se e, literalmente, envenena o corpo com doenças. O remédio? Você já ouviu falar: "Quando as coisas apertam, alguma coisa tem que ceder". "Quando as coisas apertam, alguém tem de ceder!" Se tiver algum problema de qualquer tipo — especialmente problemas de saúde —, o "alguém" que tem de ceder é você!

As pessoas com problemas de saúde sempre são aquelas que precisam doar. Um perito constatou que 80% das pessoas que estão sob cuidados médicos ou hospitalizadas são pessoas que não sabem como doar.

Essas pessoas estão tentando melhorar a saúde, mas quem não sabe como doar também não sabe receber.

Está comprovado cientificamente que existe uma conexão definitiva entre a doença e a pobreza. As estatísticas mostram que os pobres ficam doentes com mais frequência que os ricos. Além de morrerem mais cedo.

Pessoas com problemas de saúde estão em desequilíbrio. Elas podem estar tentando tirar mais da vida do que estão dispostas a oferecer. Estão tentando obter alguma coisa em troca de nada e têm de pagar o alto preço de uma saúde prejudicada. Algumas vezes, pessoas com problemas de saúde têm dinheiro e outros bens materiais, e são mais apegadas a eles do que de fato os aproveitam.

Você não pode obter alguma coisa do nada. Você não tem espaço para isso! A menos que você doe, você não tem espaço para receber.

A retenção afeta a saúde

Quando uma pessoa permite que pensamentos sobre dinheiro se tornem tensos, duros, rígidos, inflexíveis, suas artérias também ficam tensas, duras, rígidas, inflexíveis. Ela descobre que tem um "enrijecimento nas artérias". As artérias que enrijeceram primeiro foram o acesso principal à sua mão-fechada.

As pessoas que sofrem com problemas de constipação geralmente são aquelas que têm uma mente e um bolso constipados. Elas estão presas a lembranças negativas, bem como ao dinheiro e às outras posses materiais, que deveriam estar liberando.

As pessoas com problemas de peso são pessoas que deveriam estar dando mais. Um homem sempre culpava a idade, o clima ou a hereditariedade por seus problemas de saúde, quando, na realidade, eles eram o resultado de seu apego à matéria que ele deveria estar liberando.

Este é um mundo generoso, como evidenciam as vazantes e enchentes da maré, as estações do ano, a noite após o dia. Você não pode enganar a lei básica da doação e do recebimento, que opera silenciosamente por todo o universo. Ela funciona independentemente de sua participação errática. Você pode se privar de mais saúde, prosperidade e felicidade, ao tentar ingenuamente se desviar dela.

Quando você retém alguma coisa, algo é retido de você. Quando você não doa, algo é tirado de você. E essa "coisa" geralmente é a sua saúde!

A fonte de sua saúde

Talvez você esteja indignado, pensando: "Sim, mas eu sou um doador e, ainda assim, minha saúde está prejudicada.

Eu dou cada centavo que consigo ganhar para pagar as contas do médico, da farmácia e do hospital. Nem me fale em doar!"

A generosidade pode curá-lo se você doar voluntária e constantemente, antes que haja uma necessidade, para as experiências construtivas da vida, em vez de doar involuntariamente e com ressentimento, diante de uma necessidade, para as experiências destrutivas da vida.

Quando você paga as contas do hospital, dos médicos e de outras despesas urgentes, não está fazendo uma doação voluntária e constante para as coisas boas da vida. Ao contrário, está fazendo uma doação involuntária e ressentida para experiências negativas da vida, e seu ressentimento apenas multiplica seus problemas. Torna-se um círculo vicioso que não leva a lugar nenhum, até que você mude sua atitude e seu método de doar.

Quando você começa a estabelecer as prioridades e doa de maneira construtiva para as coisas boas da vida, descobre que as experiências destrutivas diminuem e, finalmente, desaparecem, de forma que não será mais necessário sustentá-las.

Como doar para a saúde

Como você pode evocar um tipo de doação saudável, que produza resultados saudáveis para você? Como pode começar a organizar as prioridades?

Bem, qual é a primeira coisa para a qual poderia doar, se quiser boa saúde?

Você deveria doar para a Fonte da sua saúde, não é verdade? A doação para a Fonte de sua saúde vai mantê-lo em sintonia com esta Fonte e com sua constante renovação, revitalização e poder de cura.

"O quê ou quem é a Fonte de sua saúde? Quem o criou? Deus!"

Ele não apenas o criou, mas tem uma imagem saudável de você, uma vez que Ele o fez à sua própria imagem de beleza, integridade e vida. Os cientistas declaram que o universo e tudo nele, inclusive o homem, é composto de energia e nada mais. Como a criação maior de Deus, você vive, movimenta-se e existe em meio à energia que produz a vida e é incessante. Se você não está saudável, não é culpa de Deus, mas sua. Você se desligou da energia vital que está dentro de você e ao seu redor.

Cabe a você fazer contato novamente e, quando fizer, a corrente da vida fluirá dentro e através de você na forma de saúde renovada.

Como você pode doar para dissolver o bloqueio que deu um curto-circuito em sua saúde e novamente entrar em contato com a energia divina do universo?

A doação pode curar quando você começar a colocar Deus, a Fonte de sua saúde, em primeiro lugar, financeiramente, de forma constante e voluntária.

Essa é uma ideia nova? De modo algum! É um dos segredos mais antigos de uma vida saudável. O homem primitivo sabia intuitivamente que precisava reconhecer constantemente seu Criador como a Fonte de todas as bênçãos. E o homem primitivo fazia isso regularmente, oferecendo sacrifícios a seus deuses sob a forma de parte de sua colheita, gado ou outro suprimento financeiro.

Bem antes dos tempos bíblicos, as antigas civilizações, que incluíam egípcios, babilônios, persas, árabes e chineses, conheciam e tinham por prática oferecer o dízimo, ou mais, de sua renda bruta, para seu Criador, como forma de reconhecimento e gratidão pelas bênçãos recebidas.

Por que eles doavam um dízimo, isto é, dez por cento? Porque o número "dez" sempre foi considerado o número mágico do crescimento.

O primeiro exemplo de doação do dízimo na Bíblia ocorreu na época de Abraão, quando ele fez uma oferenda para o Grande Sacerdote de Salém. Em troca, Jeová lhe prometeu não apenas riquezas, mas também proteção das experiências negativas da vida: "Não temas, Abraão! Eu sou o teu protetor; tua recompensa será muito grande" (Gênesis 15: 1). Não existe evidência de doença na vida de Abraão. Ele viveu uma vida longa e próspera e se tornou o primeiro milionário histórico da Bíblia. Ele era tão saudável que gerou um filho aos cem anos de idade e ainda viveu mais setenta e cinco anos.[20]

Você deve doar de qualquer maneira

Quando você reconhece Deus como a Fonte de sua saúde e *prova* seu reconhecimento e gratidão oferecendo-Lhe um décimo de tudo que Ele recebeu, você libera a matéria represada em você, que estava estagnada e envenenando sua saúde. Você volta a se harmonizar com o fluxo rítmico da energia universal pulsante, e a melhora da saúde é um resultado natural.

Quando você retém o dízimo de Deus, vai ter de se livrar dele, porém, doando para as experiências negativas da vida. Geralmente você tem de doar muitas vezes a quantia de seu dízimo para doenças, acidentes, problemas familiares, financeiros e fiscais, perdas, incêndios, roubos, complicações legais e milhares de outros males. Salomão tentou chamar a atenção dos homens para essa grande verdade ao escrever: "Honra o Senhor com teus haveres, e com as primícias de todas as tuas colheitas; então teus celeiros se abarrotarão de trigo e teus lagares transbordarão de vinho" (Provérbios 3: 9,10). "Há quem dê com liberalidade e obtém mais. Outros poupam demais e vivem na indigência. A alma generosa será cumulada de bens; e o que largamente dá largamente receberá" (Provérbios 11: 24,25).

Existe um ditado antigo: "Você nunca encontrará um dizimista numa casa pobre". Você não o encontrará também

---
20 Veja os capítulos 2 e 3, do livro da autora, *The millionaires of Genesis*.

entre aqueles que se aglomeram nos consultórios médicos, hospitais e instituições psiquiátricas!

Fui apresentada para a senhora Smith (nome fictício) quando ela passou por uma intervenção séria, depois de um estranho acidente doméstico. Ela tinha quebrado alguns ossos, além de outros danos sérios ao seu corpo. Essa não era a primeira experiência desse tipo. Ela relatou alguns de seus problemas durante anos, na cama de um hospital, onde estava deitada, engessada, toda enfaixada, com muitas dores. Além do sofrimento físico, havia também a questão financeira decorrente de seus inúmeros problemas de saúde.

Essa mulher era membro da Igreja havia muito tempo, mas doava esporadicamente porque achava que não podia se dar ao luxo de doar para Deus, devido a suas contas médicas. Expliquei que, enquanto ela continuasse a se curvar para as experiências destrutivas da vida, colocando-as financeiramente em primeiro lugar, continuaria a pagar um preço alto. Sugeri que, apenas quando ela invertesse o processo e, intencional e imediatamente, colocasse Deus — que era a Fonte de sua saúde — financeiramente em primeiro lugar, as experiências destrutivas diminuiriam e a saúde retornaria.

Ela começou a doar imediatamente o dízimo da renda bruta que ela e o marido recebiam. Ela doou metade do dízimo mensal para sua igreja, e a outra metade, para o meu ministério, onde tinha conhecido essa lei espiritual.

Sua recuperação física espantou o médico, que a tinha avisado de que provavelmente não voltaria a andar novamente. Ela não só voltou logo a andar, como também se livrou das muletas e da bengala!

Além disso, depois de começar a colocar Deus financeiramente em primeiro lugar, o marido prosperou tanto nos negócios que, pela primeira vez em anos, todas as contas médicas foram pagas. Desde então, o casal desfrutou de experiências construtivas na vida. Eles redecoraram a casa e saíram de férias — a primeira, em anos.

Quando você não doa de maneira correta, você dá esse valor muitas vezes de maneira errada. Ao passo que, quando você relaxa e coloca as coisas importantes em primeiro lugar, você relaxa e também se livra de seus problemas de saúde.

Recentemente, uma mulher de negócios comprovou isso de um jeito interessante: depois de ler *The prosperity secrets of the ages*, ela começou a pagar o dízimo por motivos financeiros. Ela não apenas resolveu suas questões financeiras, mas também "doou sete quilos", o que indica a prática como um método espiritual para perder peso para sempre!

Seu destino está onde está seu dinheiro

Se você não doar quando tem pouco, não doará quando tiver muito. De fato, você nunca terá muito para doar!

Uma dona de casa avarenta ficou muito doente, com bronquite. Ela visitou o pastor local para fazer orações de cura, mas nunca fez uma oferta. Ao contrário, ela se desculpou dizendo: "Minhas despesas médicas foram tão altas que não tenho dinheiro para dar". Várias semanas depois, ela ligou novamente e reclamou que não tinha ocorrido nenhum progresso. Ela disse: "Gastei mais de trezentos dólares com médicos para tratar esta infecção, e estou mais doente que nunca".

Lembre-se de que você deposita sua fé onde coloca seu dinheiro. Sua fé está onde você está doando. Se você não é capaz de doar para Deus em reconhecimento e gratidão a Ele, que é a Fonte de sua saúde, então você não tem fé que Ele o cure, e todas as preces do mundo oferecidas pela sua cura serão de pouca valia. Sua doação demonstra sua fé. A falta de doação demonstra sua falta de fé. Como Emerson escreveu: "O homem sempre paga um alto preço por uma pequena economia".

A doação negligente limita o bem

Existem aquelas pessoas que reclamam que doam dízimos para as obras de Deus e mesmo assim ficam doentes.

Essas pessoas geralmente são negligentes com sua doação. Foi o caso de uma viúva de 75 anos. Ela pagou o dízimo para sua igreja durante anos. Mas, quando o marido morreu, descuidou-se do dízimo do espólio de cinco mil dólares. Pouco tempo depois, ela teve uma queda, ficou semanas de cama e continuou sofrendo as consequências durante meses.

Esse problema de saúde lhe custou quinhentos dólares. Foi barato, considerando o tempo e o tratamento envolvido. Só depois de ter assistido a uma palestra sobre a ordem bíblica para pagar o dízimo de todas as fontes de renda (Levítico 27: 30-32) percebeu o motivo de sua enfermidade. Ela levantou imediatamente quinhentos dólares de suas economias, representando o dízimo do espólio de seu marido, e deu para a Igreja. Desde então, não ficou mais doente.

Algumas vezes, quando as pessoas dizem que estão pagando o dízimo para as obras de Deus, e mesmo assim têm problemas de saúde, existe outro motivo:

Elas estão doando para o trabalho de Deus em um ponto, mas estão recebendo ajuda espiritual e inspiração em outro ponto. Você deve doar para o ponto ou pontos dos quais está recebendo ajuda espiritual e inspiração. Você não procura um médico para tratamento e paga a outro. Você não vai a um restaurante para se alimentar e tenta fazer o pagamento em outro. É comum que uma pessoa pague dízimos para uma determinada igreja ou organização religiosa simplesmente por hábito, porém se dirige a outro conselheiro, clínico, professor ou sacerdote, em outro lugar, à procura de ajuda, sem oferecer nada ou praticamente nada em agradecimento. Isso bloqueia o canal para que a prece seja atendida. Lembre-se de que a gratidão toma três formas: um sentimento no coração, uma expressão em palavras e uma doação em retribuição.

Tenha cuidado com doações indiscriminadas. O lugar para o qual você oferece seus dízimos e suas doações para as obras de Deus é muito importante. Pode não ser necessariamente a maior organização espiritual, mas é aquela organização específica e pessoal, de onde você recebe ajuda espiritual e inspiração.

Muitas pessoas têm uma ideia errônea de que a doação para uma pessoa necessitada corresponda ao pagamento do dízimo, isso não é verdade. Pagar o dízimo é doar diretamente para as obras de Deus, ou para aqueles que estão a seu serviço. A melhor coisa que você pode doar para uma pessoa necessitada é lhe apresentar as leis espirituais e mentais da prosperidade, que incluem o ato de pagar o dízimo. Quando ela aprender a ver Deus como a Força de seu suprimento, em vez de olhar para as pessoas e situações, e quando ela puser sua fé à prova e colocar Deus financeiramente em primeiro lugar, pagando o dízimo sobre sua pequena renda, o caminho sempre se abrirá para a multiplicação desses centavos e para que ela se torne próspera para sempre.

Muitas pessoas têm a ideia errônea de que dar para os parentes corresponde ao pagamento do dízimo. Geralmente, quando você faz uma doação indiscriminada para um parente, está impedindo que ele desenvolva seus próprios talentos e habilidades, que o levariam à prosperidade. A pessoa que recebe ajuda financeira acaba se ressentindo dessa ajuda, por se sentir em dívida. No fundo, ele sabe que deveria estar desenvolvendo suas próprias habilidades em vez de viver às custas dos outros.

Se você quiser ajudar as pessoas próximas, não use o dízimo para isso. Nos tempos bíblicos, o dízimo sempre ia para os sacerdotes e templos, para aqueles que estavam a serviço do Senhor. Ele era "consagrado a Jeová" (Levítico 27: 30). A regra ainda se aplica.

Um homem de negócios estava discutindo se devia pagar o dízimo, ou pagar o tratamento psiquiátrico da filha.

Quando percebeu que pagar o dízimo para as obras de Deus não tinha relação com as questões financeiras da filha, parou de pagar suas contas e começou a pagar o dízimo sobre sua renda bruta para a organização na qual tinha aprendido sobre a lei do dízimo.

Foi então que sua filha fez aquilo que o psiquiatra recomendava que fizesse para se curar: ela começou a trabalhar e a pagar suas próprias contas. Ficou comprovado que o trabalho é uma ótima terapia. Ela não precisou mais de tratamentos caros e também estava feliz, a caminho da prosperidade.

A atitude é um presente importante

Porém, sua atitude em relação à doação para a congregação ou igreja que o inspira é tão importante quanto o dízimo.

Um homem de negócios com um problema cardíaco crônico gastou centenas de dólares no tratamento médico. Ao mesmo tempo, ele encontrava regularmente o pastor, em busca de tratamento espiritual para sua saúde. O homem doente não questionava pagar centenas de dólares pelo tratamento médico. Também contratou um dos advogados mais caros da cidade para controlar seus negócios e não questionava seus altos honorários. Contudo, esse mesmo homem reclamava muito de que o pastor (cujas orações ele esperava que pudessem curá-lo) recebia um salário, tinha um carro e uma casa oferecidos pela congregação.

O homem de negócios se considerava um seguidor de Jesus Cristo. Apesar disso, ele não levava em conta a grande Verdade de que uma pessoa que podia transformar água em vinho, multiplicar o pão e o peixe, segundo sua vontade, ressuscitar os mortos e curar todas as doenças, dificilmente poderia viver na pobreza. Hoje uma pessoa assim seria considerada milionária![21]

---
21   Veja o livro da autora, *The millionaire from Nazareth*.

Ser um verdadeiro cristão, um seguidor de Jesus Cristo, é seguir Seu exemplo e ser uno com a prosperidade interior e exterior. Você não honra o rico Criador deste universo generoso, com pobreza nem tampouco o pastor!

É sua obrigação espiritual fazer tudo que puder para a prosperidade do seu pastor, conselheiro, discipulador ou professor da Verdade, que o inspira e ora por sua cura. Mesmo que seja apenas para garantir os seus interesses, você deve tornar o seu canal de inspiração espiritual o mais próspero possível.

Entretanto, existem outros motivos para fazê-lo.

Nos dias de hoje, o mundo quer e precisa dos pastores, dos conselheiros espirituais e dos mestres da Verdade, que podem não só ensinar como ser próspero e saudável, mas também provar, por meio de suas próprias vidas, que conhecem as leis espirituais, exatamente como foram comprovadas por Jesus. O mundo ama, respeita e escuta as pessoas que fazem esse trabalho espiritual, que confirmaram as leis espirituais de prosperidade e cura. Esses pastores e mestres têm uma consciência espiritual altamente poderosa, que atrai e inspira um grande número de seguidores leais, assim como Jesus atraiu e inspirou muitos seguidores.

Você abre o caminho para a melhora de sua própria saúde ao sustentar financeira e espiritualmente, esses pastores, conselheiros e mestres da Verdade. Suas doações não ajudam apenas a liberá-los das preocupações materiais, para que tenham mais liberdade para atuar mais plenamente no plano espiritual, ao doar para essas pessoas, você sintoniza-se com a consciência espiritual próspera e saudável deles e recebe a bênção que espalhará o bem pela sua vida.

Talvez você diga: "Não dou dinheiro para aqueles que me inspiram espiritualmente, mas demonstro minha gratidão com presentes". Você daria um presente para seu médico ou advogado, em vez de pagá-lo adequadamente pelos serviços prestados? O pastor ou o conselheiro também precisam se alimentar, pagar impostos e educar os filhos!

Em toda parte existem pessoas que são cristãs até certo ponto. Eles dão praticamente tudo para o Senhor: conselhos, desculpas, boas intenções, tempo e até alguma energia — tudo, com exceção da moeda do reino. Oferecer dinheiro para o pastor ou para a igreja não é menos espiritual que os pensamentos, as orações, o tempo ou os talentos. O dinheiro também é espiritual! O profeta do Velho Testamento salientou: "A prata é minha, o ouro é meu, disse o Senhor à multidão" (Ageu 2: 8). O eminente gênio da engenharia, R. G. LeTourneau, que ficou multimilionário por meio do pagamento do dízimo, disse francamente: "Tudo bem dar crédito a Deus, mas Ele também pode usar dinheiro vivo!"

Procure ajuda de qualquer maneira

Mesmo se você não tiver o dízimo ou uma doação em dinheiro para oferecer, quando procurar ajuda espiritual, não deixe de buscá-la se precisar. Mas não hesite em abrir mentalmente um caminho para uma doação em dinheiro chegar até você, que você transferirá para a pessoa que lhe oferece ajuda. Diga honestamente: "Não tenho uma doação em dinheiro para oferecer em agradecimento por sua ajuda agora, mas logo terei".

Certa vez, uma dona de casa doente pediu a um conselheiro espiritual que visitasse sua casa para conversar e orar pela cura de uma condição crônica, que o tratamento especializado não tinha resolvido. Quando o conselheiro chegou, a mulher explicou que não tinha dinheiro, mas logo teria algum. Eles conversaram e rezaram juntos. O conselheiro salientou certas atitudes de amargura, ressentimento e de falta de perdão que precisavam ser liberadas. Aquela visita foi o momento decisivo em direção à cura para essa mulher sofredora.

Depois de uma semana, o conselheiro recebeu uma carta da mulher, que dizia: "Apesar de não ter uma oferta para o senhor, eu sabia que teria se abrisse minha mente para recebê-la. Alguns dias depois de sua visita, recebi uma doação inesperada de cem dólares e estou feliz em compartilhar o dízimo de dez dólares".

Porém, se você tiver o dinheiro, não espere até ser curado para fazer sua doação. O atraso da doação pode retardar a cura. Tantas vezes, as pessoas dizem, de forma ignorante: "Depois de receber a ajuda, farei minha doação". Essa atitude de dúvida interfere na cura.

Como você paga o médico depois da consulta, antes de poder saber se o tratamento irá curá-lo; do mesmo modo, você deveria fazer pelo menos uma oferta simbólica para o seu conselheiro espiritual, mestre ou pastor, ao pedir auxílio, antes de saber se isso o ajudou.

Sua doação é um ato de fé, que abre o caminho para que o apoio espiritual prestado o ajude; ao passo que, se não doar, você não abre o caminho na fé para receber sua cura. Por mais poderoso que seja o tratamento espiritual, ele geralmente tem efeito pouco duradouro.

Os antigos hebreus compreendiam totalmente e aplicavam essa lei espiritual antes que houvesse qualquer sinal de que sua prece tinha sido atendida. Eles rezavam repetidas vezes pedindo a ajuda de Deus e, depois, imediatamente, ofereciam-Lhe um sacrifício, em antecipação e gratidão pela graça recebida. Seus sacrifícios eram sempre de natureza financeira, geralmente ofereciam suas melhores cabeças de gado. Ainda é um costume oriental fazer sempre uma oferenda, quando a pessoa pede ajuda a um curador ou profeta. O povo do Oriente não pensaria em visitar um homem santo ou um lugar sagrado, sem levar uma oferenda. Eles consideram a doação um ato de fé e veneração. Eles também retornam com "oferendas de agradecimento", quando uma vida é salva, uma cura acontece, uma demonstração de prosperidade se manifesta, ou quando, de alguma outra forma, a prece foi atendida. O ato de doar, tanto *antes* quanto *depois* de a prece ser atendida, é uma prática que predomina desde a Antiguidade.²²

O presente com restrições não é saudável

Porém, quando o assunto é doar, tenha o cuidado de fazê-lo apenas quando puder doar livremente. Uma doação feita com restrições não é saudável. Não é um presente, mas um suborno. Isso traz resultados funestos, geralmente na forma de problemas de saúde.

Uma mulher, que estava perigosamente acima do peso, em desavença com sua filha e com problemas financeiros terríveis, alegou estar usando em vão as leis mentais e espirituais para uma vida próspera. Sugeriu-se que ela fizesse uma doação, se quisesse receber, visto que o pensamento positivo sempre leva à ação positiva.

Certa noite, quando eu dava uma palestra no seu bairro, ela se apresentou, dizendo: "Está vendo esta bela igreja? Eu doei aqueles lindos vitrais, mas o novo pároco fez algumas mudanças que eu desaprovo, portanto, estou pedindo que me devolvam as janelas". É fácil imaginar por que essa mulher tinha tantos problemas.

Um respeitável membro da igreja, conhecido por sua generosidade, começou a ter problemas no ombro, braço e mão direita. Ele sentia uma dor misteriosa no ombro que os médicos não conseguiam curar. Seu braço e sua mão direita ficavam tão dormentes que ele tinha medo de dirigir, jogar golfe ou participar de qualquer atividade normal em que precisasse usá-los.

Após meses de exames médicos e vários tratamentos, que nada revelaram, o homem conversou com o pastor. Sabendo do poder dos comportamentos em afetar o corpo, o pastor imediatamente reconheceu o que provocava a misteriosa doença.

---

22   Veja os capítulos "The prosperity law of opulence" e "The miracle law of prosperity", no livro da autora, *The millionaire Moses*.

Apesar de o homem oferecer frequentemente grandes somas de dinheiro para sua igreja, ele sempre estipulava como o dinheiro tinha de ser aplicado. O pároco salientou firmemente que ele deveria liberar financeiramente suas doações, pois ele as estava retendo mentalmente, como indicavam seus problemas no ombro, braço e mão. Ciente de seu desejo de doar, o bom homem percebeu imediatamente seu erro e deixou de impor como os seus dízimos deveriam ser utilizados. Assim que suas atitudes voltaram ao normal, o mesmo aconteceu com sua saúde.

A doação pode curar de outras maneiras

Além da forma convencional de doar sistematicamente para Deus, a Fonte de sua saúde, existem outros tipos de doação que podem curá-lo.

Pague seu médico! Privar seu médico de pagamento é privar-se de boa saúde. Doar para seu médico pode curá-lo.

Se você não pagar ao médico por serviços prestados no tratamento de doenças anteriores, o ressentimento do médico unido à sua própria culpa e o sentimento de obrigação podem mantê-lo mentalmente ligado a ele e à antiga doença. Essa ligação emocional pode provocar problemas de saúde atuais e no futuro. Emerson escreveu: "Pague sempre; no começo ou no final, pague toda sua dívida". Portanto, perdoe, deixe os ressentimentos de lado e pague todas as despesas médicas do passado, se quiser ficar liberado para a boa saúde no presente e no futuro.

Na realidade, a melhora na saúde pode ficar suspensa até que a ordem e a harmonia sejam restabelecidas no que se refere a obrigações financeiras. Recentemente, conversei com um casal que estava seriamente endividado e sofrendo graves problemas de saúde. O motivo básico de seus problemas foi finalmente revelado: um profundo ressentimento por uma enorme conta de despesas médicas do passado que tinham se recusado a pagar. Basicamente, existe apenas uma doença, a congestão. E existe apenas uma cura, a circulação.

Outra maneira de obter a cura pela doação é formar um vácuo. Livre-se das coisas antigas que você não usa mais. Limpe e esvazie os armários, os arquivos, as mesas, os armários da cozinha, os cofres no banco, o porta-luvas e o porta-malas do carro. Livre-se daquilo que você não quer mais para dar lugar ao que quer.

Em *Leis dinâmicas da prosperidade*, conto a história de uma mulher que tentou perder peso, sem sucesso. Quando aprendeu a lei do vácuo, ela percebeu que estava armazenando muitas coisas sem uso no porão e nos armários, assim como abarrotando a casa com objetos inúteis. Ela chamou o Exército da Salvação e se desfez de todos os objetos sem uso que poderiam ser úteis em outro lugar. Depois disso, pela primeira vez, ela perdeu peso e manteve a forma.

Existe uma correspondência mental:

Quando você doa coisas antigas, você inconscientemente está doando problemas antigos. Quando você abre mão de coisas valiosas, você inconscientemente doa problemas custosos.

Insista em abrir mão das coisas de qualquer maneira. As pessoas sem saúde são pessoas autocentradas, que usam os problemas de saúde como muletas para si. A doação as leva a pensar no outro e ajudá-lo, o que é uma boa terapia para libertá-las de suas próprias enfermidades.

Doe seu tempo, talentos, bens materiais. Doe sua amizade e seu amor. Doe palavras amáveis de louvor e gratidão. Diga sempre para as pessoas próximas: "Eu amo você e acho você maravilhoso". Diga para os deprimidos: "Você pode vencer. Você tem o que é necessário!" Elogie também a si mesmo, porque a autocondenação pode provocar problemas de saúde.

Escreva, envie cartões para todas as ocasiões, dê flores, doces, livros, discos e outros presentes. É preciso tão pouco para fazer as pessoas felizes. Geralmente são os pequenos atos de bondade que custam pouco, os que têm maior significado, e também auxiliam sua própria saúde.

Acima de tudo, demonstre, de alguma forma, sua gratidão para todos os seus benfeitores do passado, sejam eles parentes, amigos, parceiros de negócios, estejam perto ou distante. Se não estão mais no plano terreno, doe em sua memória. Ao fazê-lo, você paga a antiga dívida emocional, que vai liberá-los para receber novas bênçãos.

De todas essas formas, além de outras que serão reveladas, você aproveitará o tempo de uma forma deliciosa, estimulante e satisfatória, provando que a sua doação pode curá-lo!

Nota da autora

**As palavras finais da autora para você.
Você consegue aceitar sua cura?**

Existem pessoas que leem livros como este e dizem: "Parece tudo muito bom, mas não funciona para mim". E acrescentam quase que felizes por causa dessa certeza: "Usei essas técnicas de cura e estou mais doente que nunca!"

Para aqueles que O procuravam em busca de cura, Jesus sempre perguntava: "Você quer ser curado?" Ele sabia que Deus só pode fazer por você o que Ele puder fazer primeiro por meio de você e por meio de suas atitudes mentais.

A vida exige muito de uma pessoa saudável. Espera-se que ela se levante todas as manhãs e enfrente um dia cheio de trabalho. Espera-se que ela assuma a quota de responsabilidade que acompanha uma vida vitoriosa. Como todos os médicos sabem, muitas coisas que parecem ser doenças são uma tentativa de escapar das responsabilidades da vida. Essas pessoas "desfrutam" da enfermidade e desafiam qualquer um a curá-la.

Talvez você tenha ouvido a história de uma mulher sofredora, que começou a utilizar as leis de cura mental e espiritual, e cuja saúde melhorou rapidamente. As pessoas começaram a dizer: "Como você parece bem!" Certo dia, quando outra amiga tinha acabado de fazer esse comentário "perturbador", a mulher bufou: "Não estou tão bem quanto você pensa", e caiu de cama novamente.

Os psicólogos dizem que você pode ter qualquer coisa que puder aceitar mentalmente, mas precisa aceitá-la mentalmente primeiro. Eles também dizem que, quando você pensa que foi rejeitado, você está pronto para o choque. O bem que você deseja nunca o rejeita, você o rejeitou inconscientemente! Você rejeita a cura quando se agarra emocionalmente à doença e à atenção e simpatia que a acompanham.

A saúde ou a doença? A escolha é sua. Como Jeová enfatizou para Moisés e para os Filhos de Israel, há muito tempo: "Ponho diante de ti a vida e a morte, a bênção e a maldição. Escolhe, pois, a vida, para que vivas com a tua posteridade" (Deuteronômio 30: 19).

Quando você estiver usando com frequência as técnicas de cura descritas neste livro, acompanhadas de qualquer ajuda médica, psiquiátrica ou quiroprática que escolher, dê um passo adiante. Evoque a lei da aceitação mental da cura, afirmando sempre:

Senhor, estou pronto! Estou pronto para aceitar minha cura completa na mente, no corpo, nos negócios e nos relacionamentos. Senhor, eu aceito minha cura completa agora.

Depois, peça ao Criador que revele exatamente qual das leis de cura se aplica melhor ao seu caso. Geralmente as leis que mais o interessam, inspiram e fascinam são aquelas que contêm o maior poder de cura para você.

Quando você as descobrir, use-as continuamente. Não faça como a mulher impaciente, que escreveu sobre outro livro meu: "Li o seu livro inteiro, mas nada aconteceu". Em muitos exemplos de cura, Jesus orientou o sofredor a fazer certas coisas para si mesmo, e foi só depois que ele fez um esforço para seguir a instrução de Jesus, que a cura aconteceu. Portanto, leia e, depois, *aja*!

Quando você segue adiante e cumpre a sua parte, no devido tempo, a promessa do Mestre pode, sem dúvida, aplicar-se a você: "Vá, a tua fé te salvou" (Marcos 10: 52).

Inspirações para sua alma

Abra sua mente para receber
Catherine Ponder

Este livro é mais um clássico de Catherine Ponder. Ele revela as leis de abundância que ajudam o leitor a encontrar, com precisão, a fonte para abrir as comportas da prosperidade. A escrita simples, porém vibrante e envolvente de Catherine Ponder, auxiliará você a fazer mudanças positivas em sua vida. A autora assegura que qualquer um pode tirar grande proveito da obra, embalado numa leitura leve e agradável, que poderá mudar definitivamente a vida para melhor!

CATEGORIA: Desenvolvimento Pessoal
PÁGINAS: 136
ACABAMENTO: Brochura
ISBN: 978-85-7722-118-9

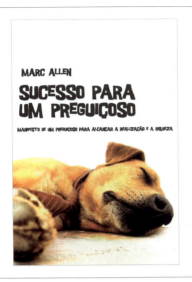
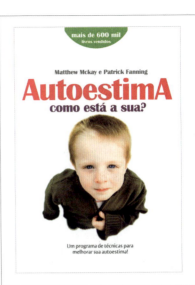

Sucesso para um preguiçoso
Marc Allen

É possível ser preguiçoso e alcançar o sucesso? Marc Allen visa responder a essa pergunta com um sim. Neste livro, o leitor aprenderá um programa de quatro passos simples e descobrirá como realizar os seus sonhos na vida, mesmo que seja preguiçoso, inexperiente, sinta-se oprimido e tenha dificuldade em lidar com as finanças.

CATEGORIA: Desenvolvimento Pessoal
PÁGINAS: 160
ACABAMENTO: Brochura
ISBN: 978-85-7722-063-2

Autoestima
Matthew McKay e Patrick Fanning

Com mais de 600 mil exemplares vendidos no exterior, este livro é um clássico sobre como construir e manter uma autoestima saudável. É um tratado que ensina a lidar com o mundo interior, de modo a acabar com as rejeições que bloqueiam nossa vida. Leva-nos a perceber, sentir e fazer os ajustes necessários para melhorarmos nosso padrão mental.

CATEGORIA: Desenvolvimento Pessoal
PÁGINAS: 248
ACABAMENTO: Brochura
ISBN: 978-85-7722-100-4

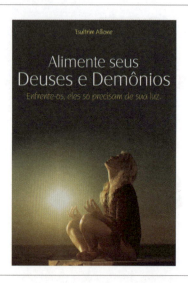

Alimente seus Deuses e Demônios
Tsultrim Allione

Aprenda a lidar com as forças que ameaçam derrotá-lo, usando as ferramentas corretas para conseguir a paz interior. Uma sabedoria antiga, adaptada para solucionar conflitos internos da atualidade, é apresentada como um método poderoso para transformar emoções negativas em energia de libertação.

O livro da realização
Marc Allen

Como usar as habilidades mentais e físicas para criar riqueza e sucesso? Neste livro, Marc Allen afirma que tudo está dentro de cada um. Somos os criadores dos nossos problemas e sucessos, temos o poder de mudar e transformar nossas vidas, tornando-nos completamente realizados.

CATEGORIA: Desenvolvimento Pessoal
PÁGINAS: 264
ACABAMENTO: Brochura
ISBN: 978-85-7722-143-1

CATEGORIA: Desenvolvimento Pessoal
PÁGINAS: 144
ACABAMENTO: Brochura
ISBN: 978-85-7722-062-5

A SOLUÇÃO
Peggy McColl

Como posso fazer a vida trabalhar a meu favor? Como posso acabar com meu desconforto e sofrimento? Perguntas como essas são o primeiro passo para uma jornada de conhecimento. Elas abrirão seu coração para um mundo de possibilidades e tornarão a vida mais feliz.

CURE PENSAMENTOS TÓXICOS
Sandra Ingerman

Utilizando teorias dos alquimistas e métodos antigos de cura de diferentes culturas, o livro ensina a lidarmos com as necessidades atuais e a nos protegermos de qualquer ambiente hostil, curando nossos pensamentos tóxicos e nos libertando de ideias alheias, negativas.

CATEGORIA: Desenvolvimento Pessoal
PÁGINAS: 144
ACABAMENTO: Brochura
ISBN: 978-85-7722-115-8

CATEGORIA: Desenvolvimento Pessoal
PÁGINAS: 144
ACABAMENTO: Brochura
ISBN: 978-85-7722-031-1

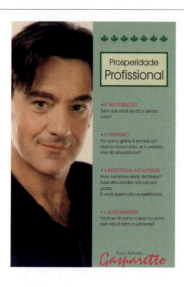

Prosperidade Profissional
Luiz Gasparetto

Este livro tem como objetivo revolucionar a maneira de pensar e de agir em relação ao trabalho, fazendo com que o leitor reflita: até que ponto as resistências e medos estão bloqueando o sucesso na carreira ou nos negócios?

Guia do verdadeiro milionário
Bärbel Mohr

Alfabetização afetiva
Lousanne Arnoldi de Lucca

Abra sua mente para receber
Catherine Ponder

Amor sem crise
Valcapelli

Atitude
Luiz Gasparetto

Autoestima
Matthew MacKay e Patrick Fanning

Alma livre
Michel A. Singer

A evolução de Deus
Cris Griscom

A solução
Peggy McColl

Alimente seus Deuses e Demônios
Tsultrim Allione

Cure pensamentos tóxicos
Sandra Ingerman

CATEGORIA: Desenvolvimento Pessoal
PÁGINAS: 272
ACABAMENTO: Brochura
ISBN: 85-85872-34-9

Desenvolvimento Pessoal

Livros que mostram caminhos na busca de reflexões sobre o comportamento humano. Ajudam o leitor a encontrar alternativas para uma vida melhor. São títulos nacionais e estrangeiros de autores como Luiz Gasparetto, Joan Sotkin, Eli Davidson, entre outros.

Inspire-se com outras categorias em nosso site:
WWW.VIDAECONSCIENCIA.COM.BR

INFORMAÇÕES E VENDAS:

Rua Agostinho Gomes, 2312
Ipiranga • CEP 04206-001
São Paulo • SP • Brasil
Fone / Fax: (11) 3577-3200 / 3577-3201
E-mail: editora@vidaeconsciencia.com.br
Site: www.vidaeconsciencia.com.br